광고대행사 AE가 알아야 할 50계명

조건희 지음

광고대행사
AE가 알아야 할 50계명

지은이 조건희
펴낸이 조유현
편　집 이부섭
디자인 김진혜
펴낸곳 늘봄

등록번호 제1-2070 1996년 8월 8일
주　소 서울시 종로구 충신동 189-11 동국빌딩 3층
전　화 02)743-7784
팩　스 02)743-7078

초판발행 2008년 1월 30일
초판2쇄　2008년 6월 20일

ISBN 13자리 : 978-89-88151-83-9 03320

* 값은 표지에 있습니다.

광고대행사 AE가 알아야 할 50 계명

조건희 지음

AE는 광고의 꽃이다

올해로 AE 인생 20년이 되었다.

대학 시절 어느 광고대행사 사장의 특강을 들으며 AE라는 직업을 처음 마음에 담았고, 그 뒤로 쉬지 않고 지금까지 달려왔다. 20년이라는 시간이 주는 무게감 때문인지 요즘 유난히 지난날의 기억들이 영상처럼 스치듯 지나간다. 수많은 광고주들과 만나고 헤어지면서 숱한 좌절을 겪었고 때로는 가슴 벅찬 성취감과 영광을 누렸다. 새삼 그 시절을 함께 보낸 동료들의 얼굴이 하나 둘 떠오르며 그리워진다.

AE(Account Executive)는 광고주에게는 광고회사를 대표해서 업무를 진행하고, 광고회사에 와서는 광고주의 이익을 대표하는 일을 하는 사람이다. 광고주와 대행사 공동의 이익을 추구하는 입장에 서 있기에 언제나 제일 바쁘면서도 제일 외로운 존재이다. 때문에 AE 세계는 이직과 전직이 잦고 항상 고달

프다.

아직 현업에서 뛰고 있는 실무 AE로서 이런 현실은 늘 안타까운 부분이다. AE를 지원한 후배들은 그 능력과 열정이 특별히 뛰어난 인재들이다. 그러기에 필자가 지나온 후진적 시스템이나 시행착오는 겪지 않기를 바란다. 그들이역량을 발휘해 AE라는 직업이 더 전문화되기를 소망한다. AE가 없는 광고 산업은 상상할 수도 없다. 나 역시 AE는 광고의 꽃이라는 믿음으로 지난 20년을 일해 왔다. 정보는 힘이기에 밤새워 AE라는 직업을 고민하는 후배들에게 힘이 되길 바라는 마음으로 이 글을 시작했다.

이 책은 다양한 광고주를 접하며 실제 제작현장에서 필자가 직접 경험한 일들을 사례 중심으로 정리한 실용서다. AE를 꿈꾸는 학생들이나 AE의 세계에 입문하게 된 후배들에게 도움이 될 만한 내용으로 엮었다.

구성은 크게 세 부문으로 나누었는데, I부 **어카운트 매니지먼트**(1~34)에서는 광고주와의 관계 차원에서, II부 **에이전시 매니지먼트**(35~42)에서는 광고대행사 내부 자원을 활용하는 차원에서, III부 **셀프 매니지먼트**(43~50)에서는 AE 자기 계발을 위한 차원에서 필요한 방법을 체험과 연계해 정리했다.

코이라는 잉어는 어항에 두면 5cm 정도로 자라지만 강물에 방류하면 120cm까지 성장한다고 한다. 부디 이번 작업이 후배 AE들에게 자신감과 자부심을 불러일으킬 수 있는 역할을 하게 되기 바랄 뿐이다. 다시 말하지만 AE는 광고의 꽃이다. 후배들이 부디 품은 꿈의 크기를 접지 말고 AE세계에 거침없는 도전장을 내밀기를 기대해본다.

선배들이 말하길 AE는 나이 오십에도 클럽에서 춤출 수 있는 젊음과 용기를 가져야 한다고 했다. 멋지지 않는가. AE! 그 멋진 사람들이 늘 행복하길 바란다. 나도 지금부터 또 다시 시작이다.

끝으로 언제나 힘의 원천이 되는 예서, 예준에게 아빠의 깊은 사랑과 희망의 메시지를 전한다. 더불어 이 책을 쓰는데 가장 큰 힘이 되어준 내 영원한 동지이자 애인인 아내 심수진에게 사랑과 감사의 마음을 바친다.

2008년 1월

조 건 희

Contents

광고대행사 AE

I부 Account Management

알아야 할 50계명

광고대행사 AE

알아야 할 50계명

III부 Self Management

1

돈버는 광고를 만들라

광고 예산은 원래 절반이 낭비인데
그 중 없어지는 절반이 어떤 것인지도 모른다.

— 미국 백화점 왕 존 워너메이커

●신규광고 P/T* 후 질의응답 시간

광고주 실무 : 광고를 하면 제품이 얼마나 더 팔릴까요?
AE : 글쎄요, 광고와 매출을 직접적으로 연계시키는 건 좀 무리죠.
광고주 실무 : (다소 흥분) 아니, 광고비 벌려면 제품을 얼마나 더 팔아야 하는지 알아요?
AE : 저희도 이해하죠. 하지만 어디까지나 광고는 소비자를 매장까지 오게 하는~.
광고주 사장 : (AE 말을 자르며) 그럼, 대행사 분들 연봉을 판매와 연동시키는 건 어떻습니까? 매출이 좋으면 저희가 성과급을 드리고 아니면 그쪽에서 패널티를 무는 걸로……. 어때요? 괜찮죠?
AE : (당황해하며) 사장님, 그건 좀…….

광고는 소비자들의 구매동기를 찾아내 판매를 촉진시키는 실질적인 마케팅 활동이다. 따라서 광고는 매출 상승을 위한 일종의 가교인 셈이다. 실제로 광고를 통해 엄청난 매출 상승 효과를 거둔 사례도 자주 접할 수 있다. 그러나 AE 입장에서는 이처럼 매출에 도움이 되는 광고를 만드는 일이 생각만큼 쉽지는 않다. 이유는 다음과 같다.

첫째, 일반적으로 AE는 광고 목표를 소비자 인식 전환 유도에 두고 있다.

AE는 소비자들의 구매 욕구를 자극시키고, 매장에서의 직접적인 구매활동은 광고주 몫이라는 설정이 그동안의 지배적인 인식이었다.

둘째, AE가 매출 증가에 따른 승수효과를 체험하지 못한 까닭이다.

동시에 여러 광고주를 담당하는 AE 입장에서는 매출에 대해 광고주와 동급의 관심을 갖기가 사실상 어렵다. 광고주 역시 매출 상승에 성공해도 대행사 보다는 자사의 제품과 프로모션 활동에 무게를 두고 긍정적인 평가를 하기 마련이다.

셋째, 대행사 내 갈등이 부담스럽기 때문이다.

창의적 감각을 사용하는 우뇌집단 속에서 마케팅 중심의 마인드를 크리에이티브에 반영시키기란 결코 쉬운 일이 아니다. '광고주 입장만 전달하고 크리에이티브 마인드가 없다'는 제작팀의 곱지 않은 시선을 감내할 각오가 서 있어야 가능한 일이다.

해마다 연말이 되면 대행사들은 분주해진다. 간혹 신문사 및 방송사에서 주관하는 광고상을 받으러 가는 즐거운 일도 있지만, 대부분은 대행에 불만이 쌓인 광고주가 경쟁 P/T를 시키기 때문이다. 심한 경우 크리에이티브 상을 안겨 준 광고주가 수상 시점에서 다른 대행사로 옮겨가기도 한다. 이는 크리에이티브가 절대 선이라 여기는 사람들에게는 납득하기 어려운 면이지만 광고계에서는 이미 보편화된 사실이다.

광고주 입장에서 대행사를 바꾼다는 것은 분명 업무적으로 부담이 따르는 일이다. 그러나 집행된 광고에 대한 부정적인 여론과 경영진의 불만이 감지될 경우, 가장 먼저 취할 조치는 대행사 교체카드가 될 수밖에 없다.

그러나 매출 상승에 도움이 되는 광고를 만들었다면 사정이 달라진다. 일단 지속적인 광고 대행이 가능해진다. 보통 대행 계약은 1년 단위로 이루어진다. 언제든지 타 대행사로 바꿀 수 있는 힘을 광고주는 가지고 있다. 그러나 광고주 측에서 매출 상승에 대한 대행사의 기여를 인정한 경우, 교체 할 때 매출에 대한 부담 때문에 기존 대행을 유지할 가능성이 높아진다.

이와 함께 담당 AE 교체도 어려워진다. 매출에 기여한 광고들은 잘 만든 크리에이티브 보다는 광고주와 대행사의 긴밀한 협업을 통해 이루어진 예가 많기 때문이다. 그 조화의 중심에는 담당 AE의 전천후 노력이 숨어있기 마련이다. 이런 AE의 능력을 인정할 때 광고주가 AE를 따라 대행사를 이동하는 경우까지도 생긴다.

최근 일부 광고주들은 매출과 연계되는 다양한 지표들을 사용해서 대행사를 평가하고 있다. 주로 온라인 매출과 직접적 연관이 있는 보험사 관련 광고군에서 시도되고 있는데 모 온라인 보험사에서는 전일 광고 노출과 문의 CALL수의 상관관계를 데이터화해서 광고의 문제점을 지적해낸다.

위 사례 역시 광고의 효과를 매출과 직접 연동시키려는 시도의 일환이다. 광고주 사장의 갑작스런 제의에 담당 AE는 당황해 어찌할 바를 몰랐다고 한다. 미국에서도 칸느*나 클리오* 등과 같은 세계적인 광고상 보다는 순수하게 매출 상승에 기여한 제작자에게 주는 에피상*이 더 높은 가치를 받는다.

또, 소비자들을 직접 제작 과정에 참여시켜 구매를 자극하는 광고가 일반화되고 있는 현실을 감안할 때 '광고의 목적은 소비자 인식 변화'라는 주장은 그 설득력을 잃어가고 있다.

결론적으로 AE는 광고주와 대행사의 공동적 이익 창출의 기초가 되는 '매출 상승을 위한 광고' 제작에 관심을 가져야 한다. 당장 광고주에게 제품의 판매실적 변화자료를 달라고 해 보라. 아마 대접이 달라질 것이다.

---

* **P/T** : 프리젠테이션(Presentation)
* **칸느** : 칸느(Cannes)국제광고제, 클리오광고제, 뉴욕페스티발과 함께 세계 3대 광고제에 속하는 세계적인 광고제.
* **클리오** : 클리오(Clio)국제광고제, 광고계의 오스카상으로 불리며 세계 3대 광고제에 속하는 권위있는 광고제
* **에피(Effie)상** : 광고 및 마케팅 전문가로 구성된 미국 마케팅협회(AMA)가 뛰어난 광고 및 마케팅활동을 전개한 회사를 뽑아 시상하는 마케팅부문의 가장 영예로운 광고상 중의 하나로서, 크리에이티브를 중시하는 다른 상과는 달리 광고캠페인이 실제 판매에 얼마나 영향을 미쳤는가에 큰 점수를 부여한다.

2

기획의 중심에 서라

계획(Plan) 자체는 아무 가치도 없다.
그러나 계획을 세우는 행위(Planning)는
여전히 중요하다.

— 피터 드러커

예전에 함께 일했던 AE ㄱ부장의 닉네임은 '다 함께 생각'이다. 그날 ㄱ부장은 제작팀과 함께 모 건설사의 광고기획 방향에 관한 회의를 하고 있었다. ㄱ부장은 매우 정확하고 깔끔하게 광고주에 대한 분석 자료를 브리핑했다. 제작팀들도 모두 수긍을 하며 오늘 회의를 마무리할 한 방, 즉 결정적인 광고 콘셉트 한 마디를 기다리고 있었는데, 뜻밖에도 그의 마지막 말은 "다 함께 생각 합시다"였다. 순간 어안이 벙벙해진 참석자들, 어색해진 분위기에 당황한 ㄱ부장은 "제작팀도 함께 고민해보자는 취지에서…"라며 말을 얼버무리고 말았는데, 재미있는 사실은 그 이후에도 ㄱ부장의 기획서 광고 콘셉트 페이지는 언제나 '다 함께 생각 합시다'라는 점이다.

AE의 능력은 P/T에서 판가름 난다고 봐도 과언이 아니다. 그런데 P/T 진행 과정에서도 광고 방향 즉, 콘셉트를 이끌어내는 작업은 그 무엇보다도 중요하다. 콘셉트를 잡는 방식은 AE마다 개인차가 매우 큰데, 이는 환자를 진료할 때 의사마다 처방이 다를 수 있듯이 배운 지식만으로는 대처할 수 없을 만큼 제작현장에서의 그 케이스가 너무나 다양하고 유동적이기 때문이다.

과녁이 흐리면 조준을 못하기 십상인 법. 기획 방향을 정하는 데 있어 실패할 가능성이 높은 상황을 정리해 보면 다음과 같다.

첫째, 앵무새처럼 광고주의 지침을 그대로 따르는 경우이다.

광고주의 말이나 글 한 마디에서 의미를 찾고 광고주의 생각이 정답이라는 듯 순순히 따르는 광경을 우리는 주위에서 흔히 목격할 수 있다. 그러나 광고주가 분명한 생각을 가지고 있지 않고 AE에게 해답을 구할 경우 담당 AE는 당황스런 상황에 직면할 수밖에 없다.

둘째, AE의 소신이 전혀 없는 경우이다.

콘셉트를 잡는 것은 AE 본연의 업무임에도 의견의 대립을 두려워하거나 사람들과의 관계를 고려해 좋은 게 좋다는 식으로 대처하게 되면 책임감 있는 콘셉트는 불가능하게 된다.

셋째, 감이나 경력에 의존할 때이다.

본인의 감을 각종 조사 지표보다 신뢰하면서 강력하게 추진하는 경우가 있다. 때론 감이 적중할 수도 있겠지만 분석적 접근 과정을 뒤로 한 채 감을 우선시하는 태도는 너무나 위험천만한 모험이라 할 수 있겠다.

AE 본인이 확신하지 못한 상태에서 콘셉트를 제시하는 일은 실로 엄청난 부담이다. 그러나 콘셉트에 오류가 생기면 실제 제작을 담당할 크리에이터들은 시간에 쫓기며 중구난방 급조된 아이디어를 낼 수밖에 없다. 최종적으로 광고주에게 광고물을 제시하기 위해서는 가능성 높은 시안으로 집약해 가야하는데 결과물에 자신감이 부족한 이상, 제작된 모든 시안을 부채처럼 펴 보일 수밖에 없다. 이처럼 품질이 아닌 개수로 승부하는 무소신 대행사에 대한 광고주의 실망은 결국 대행해지라는 참담한 결과로 이어지게 될 것이고 이어 담당 AE의 책임이 도마 위에 오르는 것은 당연한 수순이다.

제작팀 입장에서 AE가 내놓는 콘셉트에 대해 신랄한 비판을 하는 것은 당연히 수반돼야 하는 발전적 과정이다. B대행사는 AE의 감정이 상할 만큼 매섭게 몰아치는 것으로 유명하다. 제작팀에서 콘셉트를 다시 해 오라고 요구하는 경우까지도 있다. C대행사는 아예 제작팀에서 콘셉트를 잡는 것으로 유명하다.

최근 들어 크리에이터나 AP*들이 콘셉트를 잡는 경향이 증가하고 있는 추세이다. 이미 C대행사에서는 크리에이터인 CD*가, D대행사에서는 AP가 그 역할을 수행하고 있다. 실제로 크리에이터가 먼저 제작물을 만들고 이어 AE가 역으로 기획 논리를 만들게 되면 제작물과의 완벽한 일치를 이뤄낼 수 있어 논리적으로 유리하고, 제작물의 완성도를 높일 수 있다는 장점이 있다. 또 AP가 콘셉트를 잡을 경우, 마케터의 관점에서 이론적인 근거를 탄탄하게 받혀줄 수 있다는 점도 인정되는 부분이다.

그러나 이런 접근 방식은 신규 광고주 개발에는 유용할 수도 있지만 기존 광고주의 유지 관리 측면에서 볼 때는 심각한 허점이 있는 게 사실이다.

먼저, 특정 광고주에게 매번 양질의 서비스를 제공할 수 없다는 점이 문제이다. 특정 한 광고주만을 위해 대행사내 특수

자원이기도 한 CD나 AP를 매번 동원한다는 것은 대행사 조직 구조상 불가능하다. CD와 AP는 특정 광고주만을 위해 존재하지 않을뿐더러 업무 성격상 사내 업무 위주다 보니 광고주 미팅과 같은 외부 활동에 능숙치가 않다. 실제로 E대행사는 광고주의 급한 요청에 AP가 제대로 대처하지 못해 강력한 클레임을 받았으며, 모 광고주는 C대행사의 특정 CD와 매번 대면회의를 요구해 대행사를 난감하게 하고 있다.

또, AE가 광고기획 본연의 업무를 숙달하지 못해 광고주의 불만이 제기될 수 있다는 점에서도 문제의 소지가 예견된다. 주요 역할 배제로 인해 AE 조정 능력이 실종될 경우, 단순한 배달부에게 무엇을 기대할 것인가. 어카운트 핸들러 역할에 머물러 있는 AE에게 광고주의 신뢰는 낮을 수밖에 없다. 광고주와 대행사 사이의 갈등이 발생할 경우, 일명 배달부 AE가 중재역을 수행할 것으로 믿고 기대할 사람은 아무도 없을 것이다. 게다가 광고주 관리는 전적으로 AE 몫인 현실에서 대행해지와도 같은 중대 사안이 터질 경우 AE 혼자서 책임을 지게 되는 상황이 올 수도 있다.

AE는 언제나 담당 광고주에 대해서 주치의가 되어야 한다. 환자의 상태에 대해 해박한 의사에게 신뢰가 모아지기 마련이다. 대행사 내에서는 AE가 광고주와 그 제품에 대해 심도 깊은 분석과 이해를 할 수 있는 유일한 존재이다. AE 본연의 임무인 기획업무를 소홀히 한다면 대행사와 광고주 모두에게 있어 자신의 지위를 낮추는 결과를 초래하게 될 것이다. 따라서

AE는 담당 광고주와 소비자에 대한 철저한 지식과 정보를 바탕으로 광고 방향 설정과 기획력 배양에 끊임없는 노력을 기울여야 한다.

---

* AP : 어카운트 플래너(Account Planner), 광고기획담당자의 업무 중에서 광고전략 부문을 강화하기 위해 탄생. 광고전략의 수립, 마케팅조사자료 분석, 장기적인 광고기획 방향의 수립등의 업무를 담당하며 주로 영국을 중심으로 하는 다국적 광고회사에서 채택하고 있다.
  국내 일부 광고대행사의 경우 '마케터'란 이름으로 부분적으로 어카운트 플래너일을 하고 있다.
* CD : 크리에이티브 디렉터(Creative Director), 광고대행사의 크리에이티브 그룹 시스템에서 광고제작 최고책임자. 크리에이티브에 관한 전체적인 감독 및 관리를 담당

3 진정한 동반자가 되라

광고주의 회사를 자기 회사처럼 생각하십시오.
결정을 내리기 힘든 문제가 있을 때는
'이 회사가 내 회사라면 나는 어떻게 할 것인가?' 라고
스스로에게 질문해 보십시오.
내 회사 내 제품 내 문제 이렇게 생각하는 습관을 들이면
항상 가장 옳은 결정을 내리게 될 것입니다.

— 「ADAGE」中

광고주 : 우리 쪽에서 이미 충분한 검토가 이루어진 일이니 이대로 해 주시면 됩니다.

AE : 그래도 소비자 조사는 해 봐야…….

광고주 : (단호하게 말을 자르며) 그럴 필요 없습니다.

AE : 정 그러시다면 저희가 자체적으로 조사를 한 번 해보겠습니다. 결과를 보고 더 논의하시지요.

광고주 : (버럭) 글쎄 내 감은 틀린 적이 없다니까요!

이는 신제품 런칭 광고를 위한 O/T 시간에 있었던 일이다. 차별화된 상품개발의 성공으로 탁월한 마케팅 능력을 인정받은 F화재 ㄴ과장은 그 명성만큼이나 대행사를 대하는 태도에 늘 잔뜩 힘이 들어가 있다. 위 대화에서도 알 수 있듯이 본인 특유의 감을 내세우며 대행사를 압박하기도 하고, 옷 갈아입듯 습관적으로 대행사를 바꾸기도 한다.

AE들은 이런 광고주들을 일컬어 악성 광고주라고 부른다. 그런데 지금까지의 경험으로 볼 때 악성이라고 지목된 까다로운 광고주들에게는 한 가지 공통점이 있다. 바로 대행사에 대한 불신이다. 대행사에 대한 거듭되는 실망감은 자연스럽게 광고주 스스로의 부단한 노력을 유도했고 결과는 스스로 생각하기에 성공적이었다. 실제로 이들을 대하다 보면 광고에 대한 해박한 지식에 놀라울 때가 한두 번이 아닌데 매체사를 직접 섭외해서 단가를 조정하는 건 기본이고 감독들 스타일까지

줄줄 꿰고 있을 정도이다. 심지어 충무로 인쇄소에서 밤샘 작업을 하는 일까지 그들의 무용담은 정말 끝이 없다.

분명 광고가 그들의 본업이 아닌데 어찌해서 그들은 대행사의 업무를 이렇게 심도 깊게 알게 된 것일까?

~따르릉~

광고주 : OO화재입니다. 급해서 그러는데 OO일보 백면 단가가 얼마죠?

AE : 잠시만 기다리시죠. 저희 매체국에 확인해서 곧 연락드리겠습니다.

광고주 : FGI* 조사 결과는요?

AE : 그건 마케팅국에 확인해서 연락드리겠습니다.

광고주 : 근데 어제 보내주신 제작 견적에서 왜 대행수수료가 17.65%죠?

AE : 그것도 확인해서 연락드리겠습니다.

광고주 : 혹시 드라마 PPL* 자료 가지고 계신 거 있으신가요?

AE : 그런 자료는 없는데요.

광고주 : …….

분명 이 시점에서 광고주는 본인이 직접 나서야 할 때라고 생각하고 부지런히 전화를 걸기 시작할 것이다. 당연히 대행사와 AE 욕을 퍼부으며 말이다. 그런데 이런 상황은 실제로 너무나 많이 일어난다.

그동안 운 좋게도(?) 악성 광고주의 구원투수로 투입된 적이

꽤 많았다. 그런데 악성 광고주의 성향을 보게 되면 그들은 광고에 대한 관심뿐만이 아니라 실제 업무 능력이 매우 뛰어난 사람들임을 알 수 있다. 그런 그들이 자신의 본업을 제쳐두고 세세하게 참견을 하는 것은 대행사의 업무 능력이 자신들의 기대치에 크게 못 미치기 때문이다.

AE의 임무는 대행사 내에서 광고주의 의사를 대표하고, 대행사의 입장을 광고주에게 전달하는 일이다. 따라서 AE는 구조적으로 광고주의 대리인이 될 수밖에 없는 존재이다. 더욱이 광고주 빌링이 담당 AE 파워라는 대행사 내의 공공연한 분위기까지 감안하면 담당 광고주의 성장 여부에 따라 AE 본인의 지위도 등락을 거듭하기 마련이다. 이처럼 광고주와 담당 AE의 이해관계가 일맥상통하는 현실에서 서로간의 불신은 정말로 심각한 문제가 아닐 수 없다.

반대로 광고주가 담당 AE를 신뢰하여 파트너십을 인정하면 AE의 사내외 지위는 더불어 높아지게 된다. 재량권도 매체 선정 및 청약, 광고 제작물에 대한 결정뿐만 아니라 대행사내 수많은 광고주 관련 일에 결정권을 가진 진정한 대리인으로 확고하게 자리매김 할 수 있다. G광고주는 자사 광고 담당자 교체에 따른 일시적 광고업무 공백을 담당 AE에게 일임하기도 했고, H광고주는 담당 AE를 자사 전담으로 강력하게 요구하고 승진 같은 인사 문제까지 관여하는 높은 신뢰를 보여주었다. 광고주의 인정을 받는데 있어 AE의 직급이나 연차는 중요하지 않다. 오직 AE 개인의 남다른 노력만이 그 해답이 될 뿐이다.

대부분의 AE가 잘 느끼지 못하는 AE만의 강점이 있다.

첫째, AE는 대행사내의 인적 물적 자산에 대한 동원 능력이 뛰어나다는 점이다.

광고주가 광고에 대한 해박한 지식을 가지고 있어도 결국 대행사 손을 거치게 돼 있다면, 대행사 구성원의 장단점을 훤히 꿰고 있는 AE의 역할이 변수로 작용할 수 있다. 예를 들어 패션광고주를 담당했을 때 정해진 제작팀만이 아닌 대행사 내 패션리더 크리에이터와 연결시켜 보다 좋은 제작물이 나오도록 만드는 일은 AE만이 할 수 있는 일이다. 즉, AE의 능력에 따라 대행사내 자원 활용 여부 및 결과물이 달라질 수 있다.

둘째, AE는 광고주에게 충직한 외부 조언자이다.

대부분의 광고주들이 광고와 관련된 중대한 결정을 내릴 때 심적으로 매우 큰 부담을 느낀다고 한다. 노력하고 공부한 것과는 달리 광고 크리에이티브는 언제나 자유롭고 변화하기 때문이다. 광고쟁이들 속에서 광고주에게 조언을 해 줄 수 있는 유일한 사람은 파트너 관계인 AE일 수밖에 없다. 예를 들어 광고주에게 시안을 제시할 때 ㄱ이라는 AE가 A, B, C 각기 다른 방향의 세 가지 안을 펼치듯 제시하고, ㄴ이라는 AE가 A, A′, A″라는 동일한 방향의 다른 안을 제시한다고 가정했을 때, 어느 쪽이 광고주의 부담을 줄여주면서 실패할 확률도 낮을까? 당연히 후자의 경우이다.

AE는 본연의 자리를 찾아야 한다. 그래서 광고주를 본래의 업무영역에서 자신만의 전문적인 일에 집중하도록 만들어야 한다. 더욱이 AE의 적극적인 열의가 그들의 승진에 일조라도 하게 되면 그 광고주가 승진할 때마다 AE의 장래 역시 희망적이다.

지금은 H대행사에 있는 AE는 한때 매체직원도 하기 힘든 방송광고 단가표를 모두 외우고 다닌 적이 있다. 담당 광고주가 전파광고 비중이 높아 스스로의 필요성에 의해 하게 된 일이었는데 광고주는 그 AE에게 전파매체 관련한 모든 일을 일임해 버렸다. 역시 전문가는 내가 인정해서 되는 게 아니라 부단한 노력으로 주위에서 전문성을 인정받아야 되는 것이다.

진정한 천재는 비범한 일을 수행하는 능력을 말하는 것이 아니라 평범한 일을 비범하게 수행하는 능력이다.

— 미국 국회의원 루이스 윌턴(Lewis H Wilton)

---

* 애드버타이징 에이지(Advertising Age) : 현재 세계에서 가장 유명한 광고전문 잡지로 보통 애드 에이지(Ad. Age)라고 한다.
* F.G.I :표적집단면접법 (focus group interview), 소비자를 일정한 자격기준에 따라 6~12명 정도 선발하여 한 장소에 모이게 한 후 면접자의 진행 아래 조사목적과 관련된 토론을 함으로써 자료를 수집하는 마케팅 조사기법
* PPL : (Product placement), 특정 기업의 협찬을 대가로 영화나 드라마에서 해당 기업의 상품이나 브랜드 이미지를 끼워넣는 광고기법.

4 문제해결의 첨병이 되라

연장통에 망치만 갖고 있는 사람에게는
모든 문제가 못으로 보인다.
— 에이브러햄 매슬로

광고주 : 오늘 아침 신문 보셨습니까?

AE : 아뇨 아직……. 무슨 일 때문에 그러시죠?

광고주 : 글쎄 우리 모델이 이혼했다고 대문짝만하게 나지 않았습니까?

AE : 연예인 세계에서 이혼이나 결별은 워낙 빈번한 일이라…….

광고주 : 아니 무슨 말을 그리 합니까? 우리 제품이 혼수와 관련 있다는 걸 몰라서 그래요?

AE : 알겠습니다. 제가 모델 에이전시에 연락해 바로 찾아뵙도록 조치하겠습니다.

광고주 : 아니 대행사에서는 안 오시고요?

AE : 모델 문제 관련해서는 저희 보다는 에이전시 쪽에서 해결하는 것이…….

광고주 : 이 사람들 참!

20년 째 AE 생활을 해 오면서 깨달은 사실 중 하나가 광고주가 좋은 일로 AE에게 연락하는 경우는 거의 없다는 점이다. 광고주 내부에서 해결 가능한 일이라면 굳이 대행사를 찾을 이유가 없는 까닭이다. 따라서 광고주가 AE를 필요로 하는 일이라면 이는 광고주가 해결할 수 있는 범위를 넘어선 사안이다.

문제는 AE 마다 그 해결 능력이 천차만별이라는 데 있다. 광고주가 판단하기에 담당 AE가 문제 해결 능력이 뛰어나 매사 효과적인 대응을 한다고 생각되면 광고주는 상당히 포괄적인 업무를 상의하고자 할 것이고 공유하는 업무량도 대폭 증가하게 될 것이다. 반면, AE의 대응력에 대해 실망감을 느낄 경우 광고주는 담당을 제치고 임원이나 CD, AP 심지어 매체 담당을 찾거나 외부의 힘에 의존할 수밖에 없다. 이는 결국 AE 스스로가 타 대행사 진입의 발판을 마련해주는 것과 매한가지이다.

H사는 야심차게 준비한 신제품 'M'을 의욕적으로 출시할 계획을 갖고 대행사측에 수차례 자료를 요구했다. 그러나 담당AE가 제품의 잠재력을 과소평가하고 불성실한 대응으로 일관하는 통에 서로간의 감정이 급격히 악화되는 사태가 초래됐다. 뒤늦게 사태의 심각성을 보고 받은 윗선에서 대행사 차원의 수습에 나섰지만 결과는 결국 대행해지로 이어졌다.

AE는 문제 해결의 첨병이 되어야 한다. 대행사가 광고주의 광고에 대한 비전문성을 보완하기 위해 탄생했다는 기본 목적을 굳이 되새기지 않더라도 대행사는 광고와 관련된 모든 제반 문제를 해결해야 할 의무가 있다. AE가 미흡한 대응력을 보일 경우 광고주와의 관계는 어려울 수밖에 없다. 사례에서도 볼 수 있듯이 AE의 초반 대응이 서투르고 문제의 심각성에 대한 인식에 결여됐을 때는 회사 차원의 노력도 효과를 거두기가 쉽지 않다.

AE가 문제 해결 능력을 키우기 위해서는 항상 대안을 생각해야 한다. 노력만으로는 광고주가 제기한 문제의 정답을 찾아내기 어렵기 때문이다. 하나의 정답을 찾기 보다는 광고주가 최선의 결과를 선택할 수 있도록 그 선택의 여지를 최대한 제공하는 것이 지름길이다. 영어단어 decide가 열 가지 중에 하나를 선택하라는 의미인 것처럼 AE는 매사 최선의 대안을 제시해야 한다.

한국 사정에 익숙지 않던 외국계 C사 CEO는 자사 광고 모델로 유명모델 ㅊ씨를 추천했다. 그러나 ㅊ씨는 시끄러운 결혼 파경으로 C사의 혼수제품의 성격과는 전혀 어울리지 않았다. 임직원 모두 난색을 표했지만 단기간 인지도 제고에는 그만한 모델이 없다는 CEO의 주장에 C사는 ㅊ씨를 모델로 결정할 수밖에 없었고 다급해진 실무팀은 담당 AE인 필자에게 해결을 요청해왔다. 우리 팀으로선 결정된 모델 안을 놓고 최적의 대안을 마련하는데 총력을 기울여야만 했다. 먼저 ㅊ씨의 단점을 접고, 장점만을 집중적으로 찾는 작업을 시작했다. 길고 어려운 논의 끝에 결국 대안이 될 만한 광고 소재를 찾아낼 수 있었는데 다행히도 결과는 성공으로 이어졌다. 주위의 호평도 기분 좋은 일이었지만 광고주로부터 뛰어난 문제 해결자로 인정받았다는 점에서 매우 보람 있는 경험이었다.

AE는 문제 해결을 위해 언제나 고민해야 한다. 그러나 정답을 찾고, 대안을 제시하는 일은 말처럼 쉽지도 않고 미처 예상치 못한 돌발변수도 많다. AE의 월급은 고민하라고 주는 것이라는 말도 있다. 문제해결을 못하는 AE는 존재할 가치가 없다는 현실도 냉혹하기만 하다. 그러나 남에게 맡겨서 문제가 해결된다면 AE라는 자리는 결국 누구나 할 수 있는 일이 아니겠는가? 난제를 풀고 난 뒤의 성취감도 AE이기에 맛볼 수 있는 특권인 것이다.

5 광고주보다 빠른 시간표를 가져라

나는 퍽(puck)이 앞으로 갈 곳을 따라 간다.

지금 퍽이 있는 곳이나

이전에 있었던 곳이 아니라…….

— 캐나다의 전설적 아이스하키 선수 웨인 크레츠키(Wayne Cretzky)

● P/T 후 질의응답 시간

(대행사를 곤혹스럽게 하는 질문으로 악명 높은 광고주 사장에 대한 예상 질문을 철저히 준비해 간 상태)

사장 : 몇 가지 질문 드리겠습니다. 우리 회사가 내년도에 광고할 주력 제품 선정 근거가…….

AE : (빔 화면에 품목별 매출 추이와 시장 M/S, 주력제품 선정 근거 자료가 뜬다.) 그 동안 저희가 조사한 자료에 따르면…….

사장 : 잘 알겠습니다. 그런데 우리가 지금까지 사용하고 있는 통합브랜드 전략과는…….

AE : (빔 화면에 기존 브랜드 상표법 자문자료 및 통합브랜드 사용 문제점에 대한 세부자료가 뜬다.) 저희는 기존 통합브랜드는 소비자 인지도가 높은 제품에 한해 사용하고…….

사장 : 그렇군요. 혹시 이 제품에 대해 연구는 좀 해보셨는지…….

AE : (빔 화면에 일본에서 사용 중인 유사 제품사진과 광고 표현물이 뜬다.) 그렇지 않아도 일본에서 우리와 유사한 제품이 판매되고 있다는 사실을 알고…….

사장 : 그만하면 됐습니다. 준비 정말 많이 하셨네요.

AE의 업무는 대개 매우 시급하게 해결해야 하거나 쉴 틈 없이 움직여도 좀처럼 일한 티가 나지 않는다는 점이 특징이다. 따라서 업무의 효율성을 높이고 좀 더 능동적으로 일하기 위해서는 특별한 방법이 필요한데 바로 상대를 보고 그 생각을 읽어낼 수 있는 능력이다. 이는 점쟁이처럼 되어야 한다는 것이 아니라 상대의 입장에서 이해하고 바라볼 수 있는 훈련이

AE에게 필요하다는 점을 얘기하는 것이다. 광고주 보다 한 걸음 앞서 생각하고 보다 폭넓은 시각을 갖는 것, 이는 결국 광고주를 리드할 수 있는 힘을 의미한다.

예를 들어, 기업의 일이 일 년 단위로 이루어지고 있음을 AE라면 누구나 잘 알고 있다. 이를 염두에 두고 연초에 광고주의 전체적인 스케줄을 체크하고 대응 시스템을 짜 놓으면 급박하게 서둘러 해야 하는 일들은 어느 정도 미리 예방할 수가 있다. 그러다보면 업무의 템포를 스스로 조절할 수 있게 되고 중요한 일에 더 집중할 수 있는 여유를 갖게 된다. 광고주의 오더에 의해서가 아니라 AE가 자발적으로 움직이는 시스템이 정착될 때 광고주의 AE 의존도는 당연히 높아질 것이다. 이렇게 알아서 일해 주는 대행사와 AE를 제치고 다른 대행사를 찾는 광고주가 과연 있겠는가. 인정받고자 하는 AE라면 늘 광고주보다 빠른 시간표를 가지고 있어야 한다.

광고시안을 잘 팔아오는 것(?)으로 알려진 AE가 있어 한동안 그의 업무 스타일을 눈여겨 본 적이 있다. 그는 시안을 제작할 때 언제나 제작팀에게 동일 콘셉트의 세 가지 안을 요구하는 데, 그 세 가지는 첫째 광고주 실무팀 선호 안, 둘째 광고주 임원급 선호 안, 셋째 소비자 인사이트에 기인한 대행사 내부 선호 안이다. 그런데 신기하게도 낙점을 받는 건 늘 세 번째 안이라고 한다. 그 이유는 그가 일을 진행하는 방식에서 발견할 수 있는데, 그는 광고주의 입장과 견해를 철저히 파악하고 그에 따른 문제점을 조목조목 정확히 짚어내는 작업에 늘 많은 시간을 할애한다. 그렇게 분석을 끝낸 후 객관적 자료들을 토대로 만든 세 번째 안으로 의사 결정권자들의 의견을 모아간다. 물론 이는 역지사지를 통해 광고주의 생각을 먼저 읽어낼 수 있어야만 가능한 방식이다. 이런 AE를 광고주와 제작팀이 선호하는 것은 당연한 일이다.

상대의 생각을 예측한다는 것은 뛰어난 성능의 무기를 얻는 것과 같다. 따라서 실제 현장에서는 단순히 역지사지의 차원을 넘어 시뮬레이션을 통한 상대 읽기가 매우 광범위하게 활용되고 있다. 뛰어난 크리에이티브를 자랑하는 W사는 제작의 모든 단계에 시뮬레이션을 적극 운영하는 것으로 알려져 있다. 경쟁 P/T가 있을 경우에는 자사의 콘셉트가 결정돼 제작물이 완성된 후에도 이를 경쟁사의 시각에서 재분석한다고 한다. 이는 미처 깨닫지 못했던 허점을 발견하고 경쟁사의 다양한 접근에 대해 빈틈없는 대응을 할 수 있다는 점에서 매우 능동적인 전략이다.

이 방법은 광고주와의 관계에서도 유용하게 사용되는데, 필자 역시 업계에서 까다롭기로 소문난 광고주와 일하면서 그 효과를 직접 체험한 예가 있다. 이 광고주는 예전부터 제작 때마다 시안을 몇 십 개씩 요구하는 피곤한 스타일로 악명이 높았다. 새로이 투입된 우리 팀은 그 원인을 찾기 위해 광고주 입장에서 역할 시뮬레이션을 시도해 보았다. 그 결과 광고주는 디자이너 출신으로 기획력이 부족하다는 스스로의 한계를 보완하고자 그동안 대행사에게 수많은 시안을 요구해 왔다는 것을 알게 되었다. 따라서 기획 방향을 사전에 조율하는 과정이 필요하다고 판단, 두툼한 기획서와 함께 이론적인 합의과정을 거친 후 광고 시안을 보여주었다. 이후 시안 수가 눈에 띄게 격감한 것은 당연한 수순이었다.

시뮬레이션의 결과가 언제나 정확한 것은 아니지만 실수와 실패를 줄이는 데는 분명 효과가 있다. 또 기획이라는 업무가 앞으로 일어날 일에 대한 흐름을 예측하는 작업이라는 점에서 앞서 생각하고, 역지사지 해 보는 훈련은 반드시 필요하다.

미국에서 가장 존경받는 보험회사 USAA는 몇 해 전에 팀을 하나 구성했는데 이 팀에 〈회사를 망하게 하는 방법〉을 구상하는 임부를 맡겨 몇 년 간 다른 빌딩에서 근무하게 했다. 때로는 이것이 새로운 경쟁자를 예견하는 유일한 방법이기도 하다. -

— 「실수에서 배우는 성공비결」 中

6

광고할 제품에 익숙하라

어느 제품이든 내재적인 드라마가 있다.
그리고 이것은
제품에 대해 열심히 탐구한다면
항상 발견될 수 있다.
이 내재적 드라마는 당신 제품을 경쟁상대와
구별하여 놓을 수 있게 한다.

— 레오버넷

프리젠터 : 굴업도 사태에서 보듯이 국민의 이해를 지지기반으로……. / 방사성폐기물처분장에 대한 막연한 공포를……. / 국민들의 NIMBY 현상을 하루 속히 PIMBY로 전환시키는……. / 일례로 우리와 비슷한 사례인 일본 로카쇼무라처분장을 소재로…….

광고주 외부 심사단 : 이번 대행사의 프리젠터 소속은 어디입니까? 우리가 쓰는 전문용어를 사용하시네요. 다른 대행사들은 모두 핵 폐기장이라는 민감한 용어를 쓰시던데, 또 로카쇼무라는 어떻게 아시죠.

광고주 : 물론 저희 회사 직원은 아니고요(웃음), 워낙 관심을 많이 갖고 준비하신 것 같습니다.

광고주 외부 심사단 : 더 볼 것도 없네요. 저렇게 우리를 잘 이해하고 있는데.

AE가 담당 제품을 잘 알고 있어야 하는 것은 기본 중의 기본이다. 아니 광고주 이상으로 정통해야 한다. AE가 제품에 대한 이해의 폭이 좁을 경우 광고주나 제작팀에게 설득력 있는 제안을 내기는 매우 어렵다. 데이비드 오길비도 "환자가 병원에서 전문의 대신 수련의에게 맡겨지는 것을 꺼려하는 것과 마찬가지로 광고주도 자신들의 광고에 대해서는 마찬가지다"며 전문지식의 중요성을 강조하고 있다. 그는 롤스로이스 광고를 담당했을 때 차와 관련된 글을 읽는데 3주를 보냈으며 그 결과 「At sixty miles an hour, the loudest noise comes from the electric clock」이라는 불멸의 광고를 만들 수 있었다고 한다.

언젠가 디지털 피아노를 담당했을 때의 일이다. 음악에 대해서는 완전 문외한이어서 미팅 초기에는 광고주가 말하는 음계니 변주니 하는 기초 용어조차도 생소했다. 계속 이런 상황을 지속할 수 없다는 생각으로 음악학원에 등록했는데 그 사실을 전해들은 음대출신 광고주는 그날 이후 음악에 관한 이야기를 대화소재로 삼으며 깊은 신뢰를 보여주었다. 그런데 그 보다 값진 소득은 학원을 다니면서 얻은 귀중한 정보들이 실제 광고 제작 때 매우 유용하게 사용되었고, 광고주에게도 꼭 필요한 제안으로 작성돼 전달되었다는 사실이다. 이는 AE의 해박한 지식이 제작 현장에서 얼마나 유익하게 쓰이는지를 보여주는 좋은 예이다.

도요타자동차를 담당하고 있는 일본의 한 AE가 자동차 한 대를 완전히 분해하고 조립한다는 전설처럼 믿기 힘든 이야기가 있다. 만약 당신이 광고할 제품과 서비스에 대해서 이와 같은 철저함을 보여준다면 적당한 지식수준에서 만족하고 있는 AE들과는 비교할 수 없을 만큼 독보적인 존재로 인정받게 될 것이다. 개인의 노력 여부에 따라 결과에 엄청난 편차가 날 수 밖에 없는 것이 광고의 세계라는 점에서 일상적인 업무를 기회로 활용하는 것은 전적으로 본인 하기 나름이다.

신입시절, 자동차 배터리를 생산하는 광고주의 어시스트 AE를 한 적이 있다. 제품은 물론 용어 자체도 익숙지 않은 까닭에 스텝 전부가 이해할 수 있도록 브리핑하라는 과제가 주어졌다. 첫 과제이기에 무조건 잘 해야 한다는 일념으로 장안평을 수시로 들락거렸고 작동원리를 알기 위해 관련 서적을 뒤지고 모르는 부분이 있으면 자동차 회사를 다니는 선배에게 찾아가 자문을 구했다. 드디어 장문의 리포트를 완성해서 브리핑을 마치자 사수를 비롯한 선배들이 이구동성으로 외치는 말, "오늘부터 네가 담당 AE다!"

7

페이퍼 워크의 전문가가 되라

글을 쓰는 제1보는
자기가 쓰고 싶은 무엇을 한 페이지로
종합 정리하는 것이다.

— 존 스타인벡

● D약품 회장실

(광고대행 연장계획서에 광고주 회장이 막 날인하려는 순간)

회장 : 아니 이게 어떻게 된 거야? '갑'이 광고대행사고 '을'이 우리 회사라니!

실무자 : 이런 수가! 죄송합니다. 미처 체크하지 못했습니다.

회장 : 중요한 계약서에 이따위 실수나 범하는 무관심한 대행사와 어떻게 일을 같이 할 수 있겠나? 하나를 보면 열을 알 수 있는 게지. '갑'과 '을'도 구분 못하는 이 회사와는 계약 연장 못하겠네!

페이퍼워크(문서작성)는 AE의 중심적 업무이다. 계약서, 광고브리프, 주월간 리포트, 컨텍 리포트, 광고기획서 등 AE로서 작성해야 하는 문서의 양은 언제나 만만치 않은데 요즘은 메신저와 이메일까지 수시로 점검해야 하니 가히 문서더미에 파묻힌 생활이라고 해도 과언은 아니다. 이는 대행사 안팎의 수많은 사람들과 원활한 관계를 유지하는데 있어 문서가 가장 유용하게 사용되기 때문인데, 커뮤니케이션 에러의 주된 원인이 생각의 차이라는 점을 감안할 때 문서를 통해 이견을 조율해나가는 과정은 꼭 필요하다.

그럼에도 일부 AE들은 고단한 페이퍼워크 대신 능란한 말솜씨로 대체하는 경우가 많은데 운동을 계속하지 않으면 근육이 생기지 않는 것처럼 문서 작업 역시 피하다 보면 결국 못하게 되기 마련이다. 페이퍼워크는 AE가 실무에 정통한지 아닌지를 판단하는 잣대로 이용되고 대행사의 능력을 평가받는 자료로 인정된다는 점에서 매우 중요한 작업이다. T대행사의 기획 임원은 아직도 직접 파워포인트로 작성한 기획서를 광고주에게 브리핑한다고 한다.

M대행사 ㅂ대리의 닉네임은 '아차 AE'다. 그가 작성한 페이퍼를 보게 되면 맞춤법이 틀린 단어가 항상 2~3개씩 발견되는데 이를 지적당할 때마다 "아차!"라고 얼버무리기 때문이다. 문제는 이 같은 사소한 실수가 본인의 실수로만 끝나지 않는다는 점이다. 대외문서의 경우 개인이 아닌 소속 대행사를 대표한다는 점에서 대형사고로 발전할 가능성이 높다. 따라서 AE는 문서가 지닌 영향력과 페이퍼워크의 중요성을 절대 간과해서는 안 된다.

하루아침에 페이퍼워크를 잘 할 수 있는 방법은 어디에도 없다. 자신의 생각을 논리적으로 탄탄하게 만들기 위한 준비작업과 시간이 필요하다.

실무현장에서 유용하다고 느낀 페이퍼워크 요령은 다음과 같다.

첫째, 전하려는 메시지는 단박에 표기해야 한다.

이른바 명함테스트라는 것이 있다. 핵심논점을 명함 안에 다 적을 수 없다면 그것은 요지가 모호하다는 증거이다.

둘째, 본인의 생각을 담아야 한다.

남들과 같은 분석, 정량적인 데이터 등 기존의 짜깁기된 내용은 설득력이 없다.

셋째, 역 피라미드 발상으로 전개하는 것이 좋다.

신입 AE들의 문서를 보면 용두사미 격이 많다. 초반에 너무 힘이 들어가기 때문이다. 결론을 먼저 내고 거꾸로 논리를 올리는 형식으로 문서를 전개하는 것이 효율적이다.

광고주에게 유독 불만이 높은 AE가 있었다. 이유는 광고주가 AE의 기획서를 매번 표지만 제 이름으로 바꿔 자신의 상사에게 보고하기 때문이다. 이 경우 힘들게 문서를 작성한 AE로서는 다소 억울할 수도 있겠지만 이 광고주는 점점 AE중독에 빠지고 있는 것이다. 훌륭한 기획서가 어느 날 갑자기 만들어지는 것이 아님을 감안하면 탁월한 페이퍼워크 능력은 결국 광고주를 종속시키게 될 것이다. 최근 당신이 쓴 문서나 기획서를 파일로 보내달라는 광고주의 부탁을 받은 적이 있는가? 없다면 당신의 문서작성 능력에 의심을 품어라!

8

광고주 사정에 해박하라

투우사가 되려면 먼저
황소가 되는 법을 익혀야 한다.

— 스페인 속담

광고주 : 고맙습니다. 저희 회사 창립 축하화분 잘 받았습니다.
AE : 당연히 축하드려야지요. 진심으로 축하드립니다.
광고주 : 그런데 저희 담당 대행사는 관심도 없나 봅니다. 아직 아무런 연락도 없어요.
AE : 약소한 선물을 잘 봐주셔서 오히려 저희가 고맙지요.
광고주 : 중요한 건 관심이지요. 대행사를 바꿔보니 그동안 저희에게 얼마나 잘 해주셨는지를 알게 되었습니다. 기회가 되면 다시 한 번 같이 일하고 싶습니다.

AE의 업무는 광고 기획만이 아니다. 원활한 업무 진행을 위해선 주변 환경 특히 의사결정권을 가진 광고주의 동향에 늘 촉각을 세워야 한다. 광고주에 관한 정보는 담당 광고주와의 끊임없는 인간관계를 통해 얻어지기 마련인데, 이는 AE가 기획 마인드와 함께 영업 마인드도 갖추고 있어야 함을 의미한다. 그런데 이 영업 마인드라는 부분을 곤혹스럽게 느끼는 AE들이 의외로 많다. 또 광고주와 관련된 모든 사안을 책임져야 한다는 사실은 언제나 AE의 어깨를 무겁게 만든다. 실제로 광고주와 관련해서 AE가 챙겨야 할 일은 너무나 방대하다. 세부 인적 사항, 회사 분위기, 키맨(Key man)의 정서, 개별 성향 등 사소한 어느 하나도 소홀히 할 수 없는 중요한 정보이다. 게다가 이런 사안들은 대행사가 광고제작에 공들인 노력이 무시될 정도로 엄청난 영향력을 발휘한다.

한 번은 국내 제약 회사의 진통제 광고 P/T를 하면서 경쟁사 제품을 대표적 실패 사례로 소개한 적이 있다. 그런데 갑자기 분위기가 냉랭해지는 게 아닌가. 알고 보니 광고 담당 임원이 경쟁사 제품을 런칭시킨 주역이고, 그 경험으로 광고주 회사에 스카우트된 것이었다. 추후 관계 회복을 위해 엄청난 수고가 필요했음은 더 말할 나위가 없다. 그 외에도 광고 담당자에게 의례적으로 제공한 선물이 사내윤리규정을 엄격히 지키는 회사여서 난감했던 경험, 담당 광고주의 인사이동을 신문을 통해 알게 되는 경악에 가까운 실수 등 광고주와 관련된 숨은 비화는 매 현장마다 정말 셀 수 없이 많다.

정보는 힘이다. 광고주와 관련된 이슈들은 책상 위에서 해결되지 않는다. 평소 끊임없는 관심을 기울이는 것이 유일한 방법이다. 그렇다고 정보를 얻기 위해 종일 촉각을 세울 수는 없는 일. 유용하게 느끼고 지금도 사용하고 있는 한 가지 방법을 소개한다.

매일 아침 광고주가 출근하기 전, 광고주 관련 인터넷 키워드 검색을 통해 정보를 선별하여 광고주에게 정기적으로 메일링 해보자. 직접적인 관련 기사는 물론, 주가 변동에 따른 애널리스트의 의견까지 첨부시켜 광고주와 대화의 물꼬를 트는 것이다. 귀찮게 쓸데없는 짓 한다고 그만 두라는 광고주는 이제껏 한 명도 없었다.

9 소비자를 철저히 이해하라

책상에 앉아서 세상을 바라보는 것은
지극히 위험한 일이다.

— 소설가 까레(John Le Care)

톱모델 L : 어쩐 일이세요? 직접 찾아오시고.

AE : 다름이 아니라 M제품 광고 모델 캐스팅 일로 왔습니다.

톱모델 L : 그래요? 근데 어떻게 저를……

AE : 저희가 직접 길거리에서 10대 여학생들을 대상으로 조사를 한 결과, L씨가 저희제품과 어울리는 모델 1위로 뽑혔습니다.

톱모델 L : 그랬군요.

AE : 저희도 생각을 못했는데 예상 밖의 결과가 나와서 깜짝 놀랐습니다.

톱모델 L : 저도 사실 예전부터 그 제품 모델 꼭 하고 싶었어요!

질레트 사장인 에드 겔스토르프는 출퇴근 때 항상 버스를 이용했는데 그 이유가 자신들의 고객을 좀 더 가까이서 관찰하고자 하는 목적에서였다고 한다. 도요타는 렉서스를 미국 예상 소비자인 여피 취향에 맞게 디자인하기 위해 자사 디자인팀을 캘리포니아 뉴포트 비치에서 3개월 동안 살게 했다.

소비자를 이해하고자 하는 노력은 기업의 마케팅 활동 전반에서 이미 보편화 되어있는 현상이다. 특히 광고는 소비자에 대한 이해를 존립기반으로 하기에 그에 따른 분석을 철저히 할 수밖에 없고 소비자 분석은 광고 제작에 큰 영향을 미친다.

대행사에서는 광고를 제작하기 전 항상 소비자 분석을 실시한다. 그런데 매번 느끼는 문제점 중에 하나가 소비자에 대한 해석이 너무 다양하다는 점이다. AE가 정의하는 소비자, 크리에이터가 생각하는 소비자, 심지어는 마케팅에서 사용하는 조사 소비자까지 별도로 존재한다. 마치 주정뱅이가 몸을 가누기 위해 전신주를 사용하는 것처럼 소비자 조사 자료를 각자의 목적에 따라 편의대로 해석하고 있는 것이다.

더욱이 잘 정리된 정량의 조사 데이터는 AE로 하여금 소비자를 직접 만나보지도 않고 기획서를 작성케 하는 오류도 범하게 만든다. 이러한 조사 데이터를 기획안 근거로 삼는 것이 빠르고 안전하다고 판단할 수도 있지만 실제 광고가 해결해야 할 과제인 소비자들의 심리적 저항요소 즉 소비자 인사이트 발견은 언제나 현장의 소비자 속에서만 찾을 수 있다는 것을 그동안의 경험이 말해준다. 10대 여학생 5,000명을 조사해 선정한 위 사례의 모델은 그 해 광고한 제품을 대박 나게 해주었다.

백화점이나 마트에 가는 걸 너무 싫어하는 AE들이 있다. 혹 소비자를 책상 위 연구 대상이나 잘 정리된 조사 보고서 안에서 만나는 존재라고 생각하고 있는 건 아닌지 모르겠다. 소비자는 바로 옆에 있는 가족과 형제와 친구들이고, 그들이 바로 소비자 인사이트를 제공할 소중한 자원이다. 이와 함께 AE 자신의 소비 체험이야 말로 소비자 인사이트 발견의 지름길임을 잊지 말아야 한다. J손해보험 광고를 담당할 때 무엇보다도 유용했던 자료는 수북이 쌓여있는 각종 분석 자료들보다 내 가족이 직접 경험했던 교통사고였다.

0

크리에이티브 마인드를 가져라

아이들의 눈으로 돌아가는데 40년이 걸렸다.

— 피카소

광고주 : 어디 시안 좀 봅시다.
신입 AE : 여기 있습니다. 저희가 준비한 시안은…….
광고주 : 근데 잡지 광고 스리 가져오셨나요?
신입 AE : (머뭇머뭇) 죄송합니다만 스리*는 아니고 투만 가져왔습니다.
광고주 : (박장대소) 투요? 됐습니다.

AE가 제작 과정을 잘 알고 있으면 광고주 뿐 아니라 사내 제작팀과의 관계에 있어서도 크게 도움이 된다. 광고주는 하리꼬미*, 보카시*, 다찌*, 하레* 등과 같은 실무용어와 제작 모든 과정이 생소할 수밖에 없고 이에 대한 이해를 시켜주지 못할 경우 작업 전반에 대한 불신으로 이어질 수 있다. 심지어 H 광고주는 TV-CM 견적서의 수많은 항목들에 대한 설명을 요구하는데, AE의 설명이 미진할 경우 가차 없이 금액 조정을 하는 것으로 유명하다. 반대로 AE가 제작 테크닉에 능숙하게 대처하면 광고주로부터 신임을 받는 것은 물론이거니와 동류의식을 느낀 제작팀과의 관계 역시 매끄러울 수밖에 없다.

AE가 크리에이티브 마인드를 갖는 것은 물론 쉽지가 않다. 크리에이티브는 제작팀의 전문 영역으로 익숙지 않은 분야이고, 좋은 안을 볼 수 있는 능력 또한 어느 날 갑자기 생기는 것이 아닌 까닭이다. 그럼에도 AE가 크리에이티브 마인드를 갖는 것이 중요한 이유는 AE의 크리에이티브 마인드 수준에 따라 결과치가 크게 달라질 수 있어서이다. 제작팀이 공들여 준비한 많은 시안 중에서 광고주에게 제시할 최종 안을 선택하는데 있어 AE의 역할은 매우 중요하다. 혹시라도 크리에이티브 마인드가 없는 AE 때문에 항상 재미없는 광고물만 만든다는 불만의 소리는 듣지 말아야 할 것이 아닌가.

크리에이티브 마인드를 갖기 위해서는 의식적으로 훈련을 거듭해야 한다. 먼저 광고물을 보며 기획방향까지 생각하는 연습이 필요한데 시뮬레이션을 통해 그 광고 담당 AE의 입장이 되어 광고의 배경까지 유추해 보는 습관을 기르는 것이 좋다.

다음으로 많은 광고를 접해보는 것이다. 감각은 자꾸 사용해야 발달하기 마련이다. 신문을 볼 때도 기사보다 하단의 광고를 먼저 보고, TV는 CF 위주로 채널을 돌리고, 잡지를 살 때도 광고가 두툼한 종류를 골라 습관적으로 많이 보는 것이 도움이 된다.

만약 본인 스스로 안목이 높아졌다는 생각이 들면 지금 당장 주위의 광고물을 유심히 보라. 전에 모시던 본부장은 신문에 나온 광고를 보며 AE들에게 크게 소리치는 것으로 하루 일과를 시작했다. "야, 여기 이 광고 만든 데 알아보고, 당장 이 광고주에게 전화해!"

---

* 스리 : 색교정(Color Proof)지, 컬러 인쇄물이 지정한 색으로 완성될 것인가를 확인하기 위한 색교정지. —주석 59쪽에 계속

11

모두 전담이라 믿게하라

관리란 비둘기를 손으로
꼭 잡고 있는 것만큼이나 아슬아슬하다.
지나치게 꽉 잡으면 죽을 것이고
너무 살살 잡으면 날아갈 것이다.

— 토미 라소다 감독

신입 AE : 네, OO대행사입니다.

광고주 : OOO AE 계십니까?

신입 AE : A광고주께 가셨는데요.

광고주 : A광고주요?

신입 AE : 아닌가? 그럼 B광고주 가신 것 같은데요.

광고주 : B광고주요?

신입 AE : 어, 그럼 C광고주 가셨나 봅니다.

광고주 : 도대체 우리 AE는 광고주가 몇 개나 있는 거요?

힘 있는 광고주가 아무리 전담팀을 요구해도 대행사 내부 구조상 이를 들어줄 수는 없는 일이다. 이유는 AE의 업무가 광고비와 비례하는 것이 아니기 때문이다. 광고 제작 과정 중에서 집중력을 요하는 부분은 최종 광고물을 만들기까지이다. 그 이후의 매체 운영과 관련한 광고비 운영 부분은 사실 매뉴얼화 되어있다. 업무 성격상 기본적으로 제공할 서비스도 거의 동일하고 요즘처럼 경쟁이 치열한 광고 환경에서 광고비가 적다고 따로 차등을 둘 수도 없는 일이다. 이처럼 AE의 업무량이 광고비 수준과 일치하지 않는 현실에서 특정 광고주만을 위한 전담은 있을 수 없기에 AE가 관리할 수 있는 능력 범위 내에서 여러 광고주를 동시에 핸들링 하는 것은 당연한 이치다.

그럼에도 일정 규모 이상의 광고비를 운영하는 광고주들은 한결같이 AE 전담을 요구한다. 혹시라도 자사의 담당 AE가

다른 광고주를 맡고 있다는 사실을 알게 되면 서비스 질 저하를 우려해 매우 민감한 반응을 보인다. 심지어 모 광고주는 매주 주간 미팅을 정례화하고, 그때마다 수많은 과제를 제시해 의도적으로 타 광고주에 대한 서비스 자체를 불가능하게 만들기도 한다.

이와는 반대로 같은 팀 AE들끼리 한 광고주를 두고 담당 경쟁을 벌이는 경우도 있는데 T대행사에서는 AE들이 광고주에게 각각 찾아가 서로 담당 AE로 정해줄 것을 자청한다고 한다. 이는 개인별 기여도에 따라 연봉을 책정하는 시스템 덕분에 생겨난 현상 중 하나다.

결론적으로 대행사 내부 구조상 복수의 광고주를 담당할 수밖에 없는 현실과 광고주의 전담 요구라는 딜레마 사이에서 고심하고 있는 우리 AE들이 할 일은 담당하고 있는 모든 광고주들이 자신을 전담이라 여길 수 있도록 최선을 다해 서비스하는 길 뿐이다.

모 그룹 인하우스 에이전시인 D기획은 형식적이긴 하지만 광고주에게 전담의 의미를 전해주기 위해 그룹 계열 광고주 출입 시 AE들에게 그룹배지를 착용하게 한다. 물론 비계열사를 방문할 때는 당연히 배지를 뗀다. 이는 끊임없는 전담 요구에 대한 대행사측의 작은 미봉책 중에 하나지만 이 역시 한계는 있다.

따라서 담당 광고주들에게 완전한 전담은 어렵더라도 특별히 신경을 써 주고 있다는 인식을 심어주는 게 더 현실적인 방안이 아닌가 생각된다. 이를 실천하기 위해서는 모든 광고주와 항상 연락 가능한 상태가 되어야 하고, 업무 진행에 무리가 일어나지 않도록 세심한 주의를 기울여야 한다. 만일 타 광고주와 비교해서 자신들이 부당한 대접이나 차별을 받는다고 느끼는 순간 광고주는 자신을 위해 헌신할 타 대행사 AE를 찾아갈 것이 분명하기 때문이다.

팀원 중 한 AE가 광고주 회의실에서 깜박 잊고 다이어리를 두고 나온 적이 있다. 그 친구는 사실을 안 순간 정말 급박하게 다이어리 회수에 나섰는데 그 다이어리 안에는 그가 담당하고 있는 무려 7개의 광고주 명단이 적혀 있었다.

55쪽 주석계속

---

* **하리꼬미** : 인쇄 할 쪽수를 한 면의 필름에 절수와 접지의 순으로 도규멘트를 앉히는 작업을 말하며 터잡기라고 함
* **보카시** : 계조(階調: gradation)의 일본말, 그림이나 사진의 밝은 부분에서 어두운 부분까지 변화해 나가는 농도의 단계를 말한다
* **다찌** : 재단선
* **하레** : 하레이션(halation), 사진이나 TV-CF의 조명에서 빛이 지나치게 들어감으로써 화면이 보기 어렵게 되는 현상을 말한다.

12

업무에도 순서가 있다

당신이 큰 돌에 먼저
초점을 맞추지 않는다면
후에 큰 돌들을 위한 공간을 찾을 수 없다.
왜냐하면 자갈과 모래가 이미 그 공간을 차지했기 때문이다.
우리가 시간을 현명하게 쓴다면, 즉 큰 돌부터 놓는다면
우리의 사업성과는 그대로 따라올 것이다.

— 썬트러스트(Suntrust)의 미미 브리든(Mimi breeden)

광고주 : 어제 아홉시 뉴스에 저희 광고 나왔나요?

AE : 무슨 일로 그러시죠?

광고주 : 저희한테 보내주신 큐시트를 보고 새로 취임하신 사장님께 보고 드렸거든요. 가족 분들과 함께 보시며 광고 나오는 걸 기다리셨다는데 안 나와서 실망이 무척 크셨던 모양입니다.

AE : 잠시 만요! 확인 좀 할게요. … (중략) …. 정말 죄송합니다. 큐시트에 문제가 있었던 것 같네요. 원래 오늘이 방송인데.

광고주 : 아무튼 제 입장이 무척 난처해졌습니다. (조금 있으면 대행 만료 시점인데) 아쉽게 됐네요.

AE : …….

AE의 업무는 제대로 해보자 결심한다면 정말 끝이 없을 정도로 많다. 광고주와 직접 관련된 일들은 물론이거니와 광고주를 대신해 수많은 사람들과 접촉을 하다 보니 만나는 사람 수와 비례해서 해야 할 일들도 급격히 늘어난다.

기획서를 포함한 각종 문서 작성, 광고주 미팅, 제작 회의, 매체 회의, 프로모션 미팅, 각종 아이디어 회의, FGI 참석, 심지어 광고주와의 저녁 약속까지 하루 종일 회의와 미팅과 문서 작성의 연속이다. 만일 P/T까지 겹치게 되면 그야 말로 살인적인 일정에 갇히게 된다. 그런데 이상한 건 엄청나게 바쁘기는 한데 실제 눈에 띄는 성과물은 없다는 점이고, 더 이상한 건 그러한 일들을 조금이라도 태만히 할 경우에는 주위의 비난과 질책이 사정없이 쏟아진다는 점이다.

광고주가 AE에게 무언가를 요구할 때는 이미 시간적으로 여유가 없는 일들이 대부분이다. 따라서 스피드한 일처리와 함께 업무의 우선순위를 매기고 순차적으로 처리해 나가는 것이 바람직하다. 특히 마감이 정해진 광고물 제작, 매체 청약, 제작 견적 및 세금계산서 청구와 같은 업무는 항상 날짜와 시간을 주의 깊게 체크하며 진행해야 한다. 실제로 AE가 제작에 신경을 쓰느라 원고는 완성되었는데 광고주가 정해준 날짜에 매체 부킹을 못해 난감한 경우를 당한 사례가 있었다. 만일 광고주 입장에서 긴급을 요하는 오더, 예를 들어 대표이사나 담당 임원의 지시에 의한 자료 요청이나 광고주와 관련된 돌발적인 사건 사고 발생했을 때는 무조건 우선적으로 발 빠르게 대응해야 한다.

물론 가장 중요한 업무는 광고 대행과 관련된 일이다. AE는 대행 만료 시점 2~3개월 전부터는 그야말로 초긴장 상태에 있어야 한다. 광고주가 대개 이 시점쯤 대행사를 교체할 경쟁 P/T를 생각하기 때문이다. 그러기에 어떤 업무보다도 대행 만료를 앞두고 있는 광고주를 집중 마크해야 하는데, 만약 예기치 못한 실수가 발생할 경우 그동안의 노력이 무위로 돌아갈 수도 있는 치명적인 손상을 입게 된다.

H사의 ㄱ상무는 광고대행 연장계약을 하게 되면 대행사 담당팀 전체를 부른다. 모두가 모인 자리에서 수북이 쌓인 타대행사의 크리덴셜을 보여준다. 그러면서 한 마디, "알아서 잘 해주세요!"

3 AE도 아이디어를 내라

나는 전구를 만드는데
700번의 실패를 한 것이 아니요.
난 아직 한 번도 실패한 적이 없단 말이오.
난 지금까지 700가지 방법이 효과가 없다는 것을
입증하는데 성공한 것이오.
효과가 없는 방법들을 하나씩 제거해 나가면
효과가 있는 방법을 찾게 될 것이오.

— 에디슨

광고주 : 이번 가을 프로모션은 무엇으로 할까요?

AE : 특별히 생각하신 것 있으십니까?

광고주 : 글쎄요. 그냥 작년과 동일하게 갈까 생각 중입니다.

AE : 혹시 700전화 서비스라고 들어보셨어요? 발신자 부담 서비스인데 이번 프로모션과 연계하면 괜찮을 것 같습니다. 마침 제품의 무늬 개수가 여성이 원하는 허리 사이즈와 같은 24여서 이걸 힌트로…….

광고주 : 다른 데서 한 적은 있나요?

AE : 아뇨. 하게 되면 우리가 처음입니다.

광고주 : (반색하며) 그래요? 그럼 한 번 해봅시다!

대행사의 대표적 수익구조는 소위 4대 매체라고 하는 TV, 라디오, 신문, 잡지 광고의 매체 대행 수수료이다. 때문에 프로모션이나 뉴미디어 매체 등에 대한 제안은 상대적으로 소홀해질 수밖에 없다. 광고주 역시 대행사의 역할을 광고 제작 및 매체 대행으로 한정하고 다른 부분에 대한 기대는 그다지 하지 않는다. 그러다 보니 프로덕트 콘셉트 및 판촉아이디어 개발업무와 옥외 광고나 버스, 지하철, 극장, DMB 광고 등의 매체 핸들링은 광고주가 자체적으로 해결하고 있는 상황이다. AE 입장에서도 광고와 직접적인 연관이 없어 보이는 이러한 일들에 익숙하지 않아 소극적인 시각으로 보는 경향이 많다.

그러나 AE 경험을 통해 알게 된 사실 중 하나가 광고주의 고민은 광고보다도 직접적인 판촉 아이디어 개발이라는 점이다.

어차피 광고는 대행사에 일임하고 관리만 하면 되는 일이지만 판촉을 위한 아이디어 개발은 전적으로 광고주 본인의 책임으로 생각하고 부담을 느끼기 때문이다. 그러나 아무리 유능한 광고주라 해도 매번 참신한 아이디어를 내기는 어렵고, 내부의 시각으로 답을 찾는 것도 쉽지 않을 것이다.

이럴 때 광고 마인드를 가진 AE가 이런저런 아이디어를 제공해준다면 의외로 유효한 제안이 될 가능성이 높다. 또 제언의 실효성 여부를 떠나 광고주의 고민을 함께 나눈다는 점에서 동반자로서의 깊은 인상을 심어 줄 수 있게 된다.

광고주에게 제언할 때 굳이 빅 아이디어 개발에 몰두할 필요는 없다. 그냥 광고주의 시각으로 주위를 관심 있게 지켜보다 보면 예상외로 제언할 소스가 발견된다. 실제로 모 광고주에게는 해외 잡지에 나온 신제품 정보만 주었는데 직접 제품화까지 된 예도 있다. 위 사례 역시 시작은 작은 발상에서 비롯됐지만 무려 42만 명의 소비자가 참여할 정도로 엄청난 반향을 일으킨 대표적 성공사례이다.

광고주가 담당 대행사와 결별을 결정하게 된 이유를 조사한 결과 1위는 '대행사가 진부해서, 참신한 아이디어가 없어서'이다. 그런데 그 이유가 1년에 고작 두 세편 찍는 TV 광고와 몇 편의 인쇄광고 때문이라고 생각하는가?

14

타이밍을 놓치지 마라

나쁜 소식은
그 소식을 전하는 사람에게도 전염 된다.

— 세익스피어

● D광고주 스틸촬영 현장

광고주 : (대뜸) 아니 모델의상이 왜 이래요? 아주 아줌마로 만들어 놨네! 도대체 어떻게 된 거에요?
AE : 예? 의상은 PPM*때 광고주와 합의된 걸로…….
광고주 : 그건 의상 콘셉트였죠. 지금 이 의상에 대한 컨펌이 아니었잖아요. 당장 촬영취소해요!
AE : …….

광고 제작을 하다 보면 AE 본인의 의지와 상관없이 사건 사고가 자주 발생한다. 이런 사건 사고는 AE 연차가 올라갈수록 정도가 심화되기 마련인데 사소하게는 칼라 교정과 같은 작은 문제에서 대행해지가 논의될 정도로 심각한 매체사고에 이르기까지 AE의 책임과 권한이 늘어나는 만큼 사안의 종류와 위험 수준 또한 비례해서 높아진다.

그런데 흥미 있는 부분은 이 사건 사고의 기준이라는 것이 전적으로 광고주의 의사결정에 달려있다는 점이다. 동일 사안이라도 광고주가 흔쾌히 넘어가면 흐지부지 될 수도 있고, 반대로 문제를 삼게 되면 갈등의 원인으로 전면에 부각된다. 따라서 광고주와 사전에 교감을 나누었는지, 컨펌을 받았는지가 사건 사고를 정하는 매우 중요한 잣대가 된다.

물론 모든 업무의 진행과정을 시시콜콜히 허락을 받을 수는 없는 일이다. 다만 컨펌받는 일을 소홀히 하다 보면 차후 문제 발생 때 모든 책임을 단독으로 지게 될 수가 있다. 따라서 컨펌의 적정선을 유지하는 타이밍 기술이 필요하다.

경험적으로 AE가 광고주 컨펌을 반드시 받아야 하는 시점을 정한다면 다음과 같다.

첫째, 업무 맨 처음 단계이다.

이 시점에서 광고주와 일의 원칙을 확실하게 정해놓아야 한다. 그래야 이후 진행과정에서도 광고주와 합의된 원칙 내에서 AE로서 필요한 재량권을 충분히 발휘할 수 있다.

둘째, AE의 입장에서 판단했을 때 어떤 변수가 예상되는 경우이다.

예정에 없던 갑작스런 일정변경이나 예산 변동 등 향후 문제가 발생할 가능성에 대해서는 반드시 광고주의 양해 및 컨펌을 구해야 한다. 단, AE마다 문제를 예측하는 능력이 다르다는 점에서 그 기준은 달라질 수 있다.

셋째, 최종원고 출고 등 마무리 단계이다.

이 시점에서는 광고주가 시간이 없다고 미루거나 AE에게 전권을 일임한다고 해도 꼭 컨펌을 받아야 한다. 안 되면 사후 컨펌이라도 최대한 빨리 받아야 한다. 혹여 사고가 발생할 경우, 담당광고주는 최종원고 교정책임자로서 입장이 매우 난처해질 수 있고 결과적으로 AE도 자신의 무관함만을 주장할 수 없기 때문이다.

H광고주는 시중에 판매되고 있는 약 40만 병의 제품라벨에 문제가 생겨 전량 회수할 수밖에 없게 되자, 최종인쇄교정의 책임을 진 광고주 실무를 심하게 문책했다. 부담을 느낀 광고주 실무는 결국 사직을 할 수밖에 없었는데 카운터파트너인 대행사 AE는 이로 인해 엄청난 심리적 부담을 느꼈다고 고백한 바 있다.

---

* PPM : 사전제작미팅(Pre-Production Meeting), 광고 계획을 실제로 옮기기 전에 광고주와 가지는 사전 미팅

5

소신있게 조언하라

여러분은 적 앞에 펼쳐진 길이
세 갈래라는 것을 알게 될 것이다.
적은 그 중에서
네번째 길을 택하게 될 것이다.

— 프로이센 참모총장 폰 몰트케(Von Moltke)

● 제시된 광고 안을 최종 선택하는 회의

광고주 사장 : 다들 좋은 것 같은데, 대행사 생각은 어떠십니까? A 안이 그래도 좀 더 나은가요?
AE : 예. 저도 A 안이 좋다고 생각합니다.
광고주 사장 : 근데 좀 약한 것 같기도 하고, B 안은 어떻습니까?
AE : B 안도 좋죠.
광고주 사장 : B 안은 제품이 잘 안 보여서…….
AE : 그럼 C 안은 어떠십니까?
광고주 사장 : …….

의외로 광고주들이 자신도 광고인이라는 사실을 잘 깨닫지 못하는 경우가 많다. 실제 광고 제작에 대한 업무는 대행사 몫이지만 대행사가 제시한 광고 안에 대한 최종적인 선택권은 오직 광고주에게 있음에도 그렇다. 광고주는 광고할 제품과 서비스에 대한 전문가이고, 광고비용의 실제 지불자라는 점에서 광고인으로서의 자격은 이미 충분하다. AE도 이런 광고주의 영향력을 인정하고 있기에 광고주의 의견을 적극 수용할 수밖에 없는데, 이때 지나치게 의존하다 보면 크리에이티브가 손상될 우려가 높고 반대로 외면할 경우엔 광고주의 승인을 받기가 어렵다는 딜레마에 빠질 수 있다.

실제 현장에서 흔히 듣게 되는 광고주 코멘트 역시 "나는 광고에 대해 잘 모르지만……"으로 시작해서 끝없이 이어지는 본인의 의견을 제시하는 내용이다. 또, "내 아는 사람이……" 라며 가족이나 지인의 의견 형식으로 공감을 요구하기도 한다. 그런데 의견을 제시하는 주체의 지위가 높을 경우 AE로서는 그 의견을 반영할 수밖에 없는 난감한 입장에 놓이게 된다. 이처럼 광고주가 광고 제작에 깊은 영향력을 발휘하고 있는 현실에서 광고주 역시 광고인으로서 광고를 보는 안목을 높일 필요가 있다.

일부 AE의 경우, 광고주가 제작 과정에 대해 지나치게 알게 되면 피곤해진다며 의도적으로 우민화를 유도하기도 한다. 그러나 이는 잘못된 판단이다. 광고주는 한 대행사의 특정한 AE만을 경험하지 않는다는 점을 간과한 판단이기 때문이다. 광고주 입장에서 여러 AE들에 대한 비교는 당연한 일이고, 자신을 우민화하려던 AE에 대한 불신은 자연스레 소속 대행사로 이어질 수밖에 없다. 또 광고주가 진행상황에 대한 해박한 지식을 갖고 있으면 중간 설명은 생략한 채 바로 핵심 논의에 집중할 수 있고, 불가피한 실수에 대해서도 이해를 구하기 쉽다는 점에서 오히려 장점이 된다.

문제는 광고주가 광고 안을 보는 안목을 갑자기 높이기가 쉽지 않다는 것인데, 이를 위해서는 크리에이티브에 대한 체계적인 교육과 경험을 지닌 AE가 전문적인 도움을 제공하는 것이 바람직하다. 모 대행사 AE는 광고주에게 안을 제시할 때, ABC 추천 순서대로 제시하는데 그때마다 광고주가 C안을 선택해서 다음에는 CBA 순서로 제시했다고 한다. 그런데도 C안이 선택되자 광고주의 안목 없음을 탓하며 답답해하는 모습을 본 적이 있다. 광고 안을 선택하는 일이 단순히 커뮤니케이션의 효율성만으로 결정되지 않고 광고주의 사정 등 각종 변수의 영향을 받는 일이긴 하지만 그렇다고 담당 AE가 광고주의 선택에 뒷짐만 지고 있을 수는 없는 일이다.

따라서 좋은 안을 결정하기 위해선 최종안 제시 전에 미리 관련 정보를 제공하여 광고주와 결정할 안에 대해 개괄적인 논의를 하는 것이 필요하다. 특히 완성도가 낮거나 금전적, 사회적 이슈가 발생할 우려가 있는 안에 대해서는 충분한 근거자료를 통해 반드시 설명해 주어야 한다. 또 담당 AE로서 선호하는 안과 그 이유를 명확히 밝히는 것은 광고주가 미처 생각지 못한 부분을 체크해주고 대행사의 소신을 알리는 차원에서 그 의미가 크다.

위 사례에서 보여지는 우유부단한 유형의 AE들은 생각보다 주위에 많다. 광고주의 안목이 없음을 탓하기에 앞서 대행사와 AE의 무소신이 광고 안 선택에 있어 더 큰 문제의 본질임을 잊지 말아야 한다.

16

협상의 주도권을 잡아라

커뮤니케이션은 말하는 것(telling)이고,
대화는 공유하는 것(sharing)이다.

―「감성디자인 감성브랜딩」 中

● D 피아노 광고주와 견적 협의 중

광고주 : 이번 광고 안은 마음에 안 드는데 시간에 쫓겨서 출고했으니 제작비 조정 좀 해야겠어요.

AE : 그래서 제가 금액 조정을 했습니다.

광고주 : 이 금액으론 턱없이 부족하죠! 우선 대행 수수료 먼저 날리고, 외주 항목 중에 CG비 (뭘 한 게 있다고) 날리고, 정가 항목 중에 카피료, 아트워크료 날리고…….

AE : (갑자기 손을 뻗어 기획료를 가린다)

광고주 : 뭐 하시는 겁니까?

AE : (단호하게) 제 자존심입니다. 기획료는 놔두시지요.

광고주 : (당황한 기색) 아니 지금~? 알겠습니다. 이 견적 그냥 갑시다. 그대로 청구하세요.

대행사 AE는 꽉 짜인 스케줄과 광고주들의 불규칙한 요구 때문에 매일 같이 정신없는 하루일정을 보낼 수밖에 없다. 찾는 이 마다 급하다고 하고, 하는 일 마다 잘 해야 하니 자신도 모르게 만성피로증후군에 노출돼 시달리기도 한다. 더욱이 업무 성격상 주도적인 입장에서 일을 처리하는 것이 아니라 오더를 받는 입장에서 응할 수밖에 없어 책임감의 강도는 점진적으로 높아질 수밖에 없다. 이런 상황은 AE 스스로 업무 스타일을 바꾸지 않는 한 지속될 수밖에 없는데, 같은 일을 하더라도 AE 스스로 주도적으로 일을 하기 위해선 다음과 같은 노하우가 필요하다.

첫째, 전화로 즉각 답을 주지 마라!

광고주는 전화통화를 하기 전에 지시할 일에 대해 미리 연구한 상태이다. 일 더미에 파묻혀 있는 AE가 바로 완벽한 답을 줄 수 없는 건 당연지사다. 섣부른 약속이나 대응은 문제를 만들기 쉽다. 한 템포 쉬고 나서 준비한 자료를 가지고 거꾸로 광고주에게 전화를 하면 이번엔 광고주가 준비된 AE의 전화를 감당해야 할 차례가 된다.

둘째, 일정관리에 이니셔티브를 쥐어라!

AE가 광고주에게 제시할 일정에는 광고 제작과 매체 운영 일정 등이 있는데 특별한 상황이 아닌 이상 너무 타이트하게 잡을 필요가 없다. 스스로 정한 일정에 스트레스를 받지 말고 관련 부서와 협의한 날짜보다 항상 2~3일 정도의 여유를 두는 스킬이 필요하다. 시간을 관리한다는 것은 남에게 휘둘리지 않을 수 있는 강력한 무기이다.

셋째, 광고주에게 지나친 확신을 주지 마라!

AE로 일하면서 실무적으로 깨달은 중요한 경험 중 하나가 '광고에서 확실한 것은 아무 것도 없다'이다. 광고주에게 확신을 주는 '반드시', '절대', '내 이름을 걸고'와 같은 다짐의 말들을 지켜내기 위해선 스스로 슈퍼맨이 될 수밖에 없다. 이 경우 임무 완수는 당연한 일이 되고, 문제가 발생하면 전적으로 AE 책임이 된다. 의사가 수술 전 이해하기 어려운 용어나 부작용에 대해 설명하듯 AE도 만약의 경우를 염두에 두고 광고주와의 약속에 신중을 기해야 한다. 아마 지금 당장 이 세

가지만 실천해도 조금은 여유를 갖게 될 것이다.

AE에게 최대한의 재량권이 부여되는 업무는 다음과 같다.

첫째, 각종 사건 사고 처리이다.

원인과 관계없이 이미 발생한 사건 사고에 대해서는 담당 AE가 회사를 대표해서 주도적으로 해결해야 한다. 중요한 것은 대행사가 수세에 몰린 불리한 상황에서 다양한 해결책을 신속히 제시해야 한다는 점이다. 만약 초반 대응이 미숙할 경우 사건은 걷잡을 수없이 확대될 가능성이 매우 높다. 따라서 평소 협상에 임하는 자세나 능력을 키우는 스킬을 배우고 경험으로 쌓는 자세가 필요하다.

모 AE는 광고주 카탈로그 인쇄가 잘못되어 전량 반품을 요구받자 광고주를 방문해서는 아무런 말도 없이 미안한 표정으로 담배만 한 갑 이상 피워댔다. 결국 보다 못한 광고주가 본인이 준비한 대안을 제시해 대형 사고로 확대될 일을 원만히 마무리한 예가 있다.

둘째, 제작비 등과 관련한 광고주와의 조정업무이다.

이는 AE에게 전권이 가장 많이 주어지는 업무이기도 하다. 그럼에도 금액을 협상하는 것이 광고주에게 불경한 일이라도 되듯 모든 전권을 광고주에게 헌납하고 광고주가 정해준 금액을 대행사에 전하기만 하는 AE가 있다. 돈에 관련된 일이라 의도적으로 갈등을 회피하는 것일 수도 있지만 열심히 일한 동료의 수고에 대한 보상이라는 점을 생각하면 광고주 뜻만을 존중해서도 안 되는 일이다. 따라서 견적네고에 대한 협상 스킬도 반드시 익혀두어야 한다.

견적 네고에도 요령이 있다.

첫째, 견적의 원칙을 정한다.

견적을 제시할 때는 항상 근거를 마련하고, 그 기준을 확실하게 지킨다. 원칙이 무시되어 조정 폭이 크게 되면 견적 전반에 대한 불신으로 이어질 수 있다.

둘째, 역할을 분담한다.

AE로서 할 수 있는 네고 폭을 정해 그 범위 내에서 재량권이 있음을 알리고, 그 한도 이상을 요구받을 경우에는 직속상사에게 조정업무를 이관하는 것이 좋다. 이때 담당 AE의 재량권도 함께 없어지고 다시 원점에서 협의를 시작해야 한다는 사실을 은근슬쩍 광고주에게 흘려야 한다.

셋째, 사전에 미리 합의한다.

제작물이 완료된 시점에 견적서를 제시해서 흔쾌히 동의한 광고주를 이제껏 본 적이 없다. 따라서 광고물 제작 전에 미리 가견적을 제시하여 대략적인 가용예산을 파악해 두어야 한다. 광고주가 정한 예산을 오버하면서까지 불필요한 작업을 할 제작팀은 아무도 없기 때문이다.

넷째, 융통성을 발휘한다.

광고주 역시 재량권이 어느 정도 있음을 감안해서 매 견적마다 민감하게 반응하지 말고, 포함청구나 이월 같은 폭넓은 대안을 생각하는 것도 필요한 방법이다.

단, 이 광고주와는 다시 안 본다는 판단이 서면 견적에서 절대 양보하지 마라!

17 모든 커뮤니케이션을 문서화하라

세상의 수많은 커뮤니케이션은
하고 싶은 말과 듣고 싶은 말 사이에
존재하는 커다란 벽을 넘지 못하고
좌절되거나 도태되고 만다.

— 「세상을 움직이는 파워마케팅」 中

광고주 : 이번 뉴스데스크 CM 순서지정*에 우리가 180% 썼는데, 이거 너무 많이 쓴 거 아닌가요?

AE : 무슨 말씀이십니까? 저번 회의 때는 무조건 다 잡으라고 하시지 않으셨습니까?

광고주 : 아니 내가 언제 그러라고 했어요?

AE : (다이어리를 꺼내 펼치며) 여기 보세요. 지난 회의 시간에 분명히 말씀하셨습니다. (다이어리에는 광고주의 발언들이 빼곡하게 정리돼 있다.)

광고주 : (잠시 침묵)

AE : 저희는 모든 회의 내용을 기록하고 있습니다.

광고주 : (무안해하며) 다음부터는 적지 마세요.

커뮤니케이션에 있어서는 달인일 것 같은 대행사에서도 종종 잘못된 소통으로 인한 오류들이 발생한다. 워낙 언변과 자기주장이 뛰어난 사람들이 모이다 보니 회의 시간에 발언을 하지 않는 사람은 무소신으로 취급받을 만큼 제작 회의는 늘 오버커뮤니케이션 상태가 되기 마련이다. 생각보다 말이 앞서고 수시로 말이 바뀌는 상황 속에 앉아있다 보면 때때로 자신이 무슨 말을 했는지 잊는 경우도 있다.

그러나 이 같은 대행사 내의 커뮤니케이션 에러는 광고주와의 관계에서 발생되는 그것과는 심각성 면에서 비교도 되지 않는다. 광고주의 일방적 요구도 기꺼이 응할 수밖에 없는 대행사 입장에서는 아무리 광고주 잘못으로 판명된 사고라도 그

책임을 묻기가 쉽지 않기에 AE가 자신의 과실이 아님을 입증할 자료를 제시 못하면 그 모든 책임을 질 수밖에 없다. 따라서 광고주와의 관계를 기록으로 남기는 일은 AE가 할 수 있는 최선의 방어이다.

더욱이 커뮤니케이션이 기록되고 있다는 사실은 주위에 심리적인 압박감으로 작용된다. 그렇다고 모든 커뮤니케이션을 문서화 할 수는 없는 일. 문서화가 꼭 필요한 시점을 짚어본다.

첫째, 광고주 미팅 시점이다.

AE 판단에 추후 논쟁이 생길 가능성이 있는 부분은 일단 기록해 둔다. 만일 본인이 회의를 진행하게 되어 기록이 어렵다면 동료에게 미리 부탁을 해 둔다. 형식은 직접화법으로 하는 것이 신뢰도면에서 더 효과적이다. 전화미팅의 경우, 통화 시간과 내용을 꼼꼼히 메모해 두어야 한다.

둘째, 사내 제작 회의 시간이다.

중요한 광고방향을 결정짓는 회의인 경우, 결정사항에 대해 체크리스트 형식으로 요약해서 작성한다. 작성된 내용은 참석자 모두에게 공유시키고 다음 회의에 지참하게 한다. 아마도 회의진행의 효율성이 눈에 띄게 좋아질 것이다.

셋째, 매체 관련 회의 시점이다.

전파매체의 경우 불방이나 전용으로 인한 금액 변경 통보가 수시로 있다. 항상 시간에 쫓겨 구두로 통보하는 것이 일반적인데 그로 인한 사건 사고가 자주 발생한다. 통화나 전달 내용은 기록해두고, 잊지 말고 재확인한다.

사건 사고는 본인이 기억할 수 있는 기한과 범위 내에서 발생하지 않는다. 1년 단위의 대행 계약서나 6개월 단위의 모델이나 음원 계약서처럼 중요한 문서는 물론, 평상시 기록들도 문서화해서 보관하는 자세가 필요하다. 당장은 귀찮은 일로 생각될 수도 있지만 골치 아픈 사건 사고가 터졌을 때 반드시 유용하게 쓰일 것이다.

요즘은 이메일과 메신저를 통한 커뮤니케이션 덕분에 자연스레 기록을 남길 수 있지만 접근이 용이하다 보니 전달 내용 자체도 가볍게 인식돼 어이없는 실수로 이어지는 경우도 많다. 회사 밖으로 나가는 모든 문서는 그 형식과 내용에 상관없이 AE가 소속된 대행사를 대표하는 것임을 잊지 말아야 한다.

일이 잘못되었을 때 광고주는 AE를 지정해서 비난하지 않는다. 항상 그가 속한 대행사가 주홍글씨를 달기 마련이다.

---

* CM순서 지정제 : 한국방송광고공사(KOBACO)의 광고프로그램 판매방식중의 하나로서 광고주가 특정프로그램의 전후에 붙는 광고의 순서 지정이 가능하며 최고가 입찰형식으로 청약.

18

광고주를 기다리게 하지마라

사람은 자기를 기다리게 하는 자의 결점을 계산한다.

— 프랑스 속담

● 광고주 첫 미팅

(AE, 가쁜 숨을 몰아쉬며 들어온다.)

광고주 : 왜 이렇게 늦으셨어요? 저희 사장님께서 기다리고 계신지 꽤 됐습니다.

AE : 죄송합니다. 출발은 여유 있게 했는데 차가 너무 막혀서요, 한남대교에서 옴짝달싹 못하고 서 있었습니다.

광고주 : 아니 한남대교 막히는 게 어제 오늘 일입니까?

AE : …….

대행사의 업무는 제작 모든 과정이 마감과의 약속이라 할 수 있을 만큼 각종 약속으로 빼곡하다. 광고 마감은 물론 미팅과 회의, 과제나 자료 제시 같은 업무적 약속과 광고주와의 저녁식사 같은 업무 외적인 약속까지 밀려있어 대행사 AE는 언제나 바쁘고 분주하다. 대행사 입장에서 약속은 경쟁력과 같은 의미이다. 이제는 일상화되어있는 밤샘작업도 모두 마감시한을 지키기 위한 자구책 중 하나인데 정해진 시간 내에 업무를 마무리하는 것을 최상의 가치로 여기는 대행사의 속성에서 비롯된 현상이다. 약속은 향후 신뢰를 보장받는 디딤돌이다. 따라서 무분별한 약속 남발과 무책임한 약속 파기는 곧 AE 업무 전반에 대한 불신으로 직결될 수 있다.

AE가 광고주와의 약속을 어기는 일은 매우 치명적이다. 광고주는 AE의 긴장감의 정도에 대해 의심을 갖게 될 것이고,

같은 일이 반복될 경우 앙금이 쌓일 수밖에 없다. 이는 결국 제작물에 대한 평가절하나 대행사 교체로 이어지는 사태로 발전될 수 있다.

G광고주 ㅁ팀장은 본인 자신이 시간 약속을 철저히 지키는 사람이어서 대행사가 시간약속을 어길 경우 반드시 그에 상응하는 보답을 하는 것으로 유명하다. 예를 들어 회의가 대행사로 인해 30분 지연되면 반드시 대행사 도착 30분 이후에 회의를 시작하고, 이 날 제시된 시안은 차가운 도마 위에서 거침없는 난도질을 당하게 된다. 무엇보다 약속 불이행의 가장 큰 피해는 잃어버린 신뢰를 회복하는데 아주 많은 시간과 노력이 필요하다는 점이다.

간혹 광고주 측에서 일방적으로 약속을 정하는 불가피한 경우도 있지만 대개는 AE가 조율하기 나름이다. 그동안 현장에서 경험한 약속과 관련된 효과적인 대처법을 소개하면 다음과 같다.

첫째, 약속의 범위와 내용을 정확히 명시한다.

애매모호한 약속은 서로에게 유리한 방향으로 해석될 수 있어 반드시 문제가 된다. 시간 약속의 경우 ASAP(As Soon As Possible)를 남발하는 AE와 날짜와 시간까지 분명하게 정하는 AE가 있다. 어느 쪽 약속에 더 긴장감이 실려 있는가.

둘째, 할 수 있는 한 여유 있게 약속을 정한다.

광고주의 독촉에 이끌려 약속을 정하게 되면 시간 부족으로 인한 크리에이티브의 질적 하락 및 불충분한 서비스를 초래하게 된다. 경험상 정해진 시간 보다 왜 빨리 해 왔냐고 다그치는 광고주는 없다. 일단 최대한의 시간을 벌어오는 것이 유리하다.

셋째, 광고주가 대처할 시간적인 여유를 준다.

약속 이행이 어렵다고 판단될 경우, 약속 시간에 임박해서 광고주에게 통보하는 것은 최악의 시나리오가 된다. 지체 없이 연락해서 광고주가 대응할 시간을 주는 것이 그나마 현명하다.

광고주를 잃는 가장 빠른 길은 자신이 약속한 날짜를 계속적으로 어기는 것입니다.

— AD AGE

19

상황을 정확히 읽어라

같은 거미라도
보통 집에 줄을 치면 반갑지 않지만,
감옥에서 줄을 치면
거기 갇혀 있는 사람들에게는
반가운 것이다.

—「폭풍의 언덕」 中

● 빙과류 생산업체인 B광고주와 전화통화 中

광고주 : 오늘 오후 광고 시안 보여주신다고 했죠?
AE : 밖에 비도 오는데 괜찮으시다면 오늘 보다 내일 어떠십니까?
광고주 : 그러는 게 좋겠네요. 사실 회사 분위기도 좀 그렇습니다.
AE : 비 그치는 내일부터 본격적인 무더위가 시작된다고 하니 내일 뵙지요.
광고주 : (회의 연기 이유를 깨닫는다) 아, 예! 이제 저희 회사 직원 다 되셨습니다!

광고주들은 대행사 AE라면 누구나 일정 수준이상의 판단력을 가지고 있다고 생각한다. 그렇기 때문에 문제가 발생했을 때 AE에게 의존하고 해결해 주기를 기대하는 것이다.

따라서 AE의 판단은 신중해야 한다. 판단력의 유효성은 같은 상황 속에서도 각기 다른 결과를 낳는다. 특히 광고주에게 제시할 광고 안을 선택할 때 AE의 판단력은 더욱 예민해져야 한다. AE가 크리에이티브와 함께 심의문제, 과거 제작물이나 경쟁 표현물과의 유사성, 표절여부, 광고주의 취향과 사내 상황 등을 어느 정도 염두에 두고 판단했느냐에 따라 결과는 얼마든지 달라질 수 있다.

또 광고는 매뉴얼대로 진행되는 것이 아니라 현장의 분위기나 각종 변수에 의해 매번 달라지기 마련이다. 따라서 AE는 늘 이런 변화를 감지하고, 문제 발생의 소지가 있을 때 즉시 회사 차원의 관심을 끌어내야 한다. 이와 함께 광고 대행과 관련된 광고주의 변화를 순발력 있게 읽어내고 그 위험의 정도를 정확하게 판단하는 능력도 필요하다.

문제는 AE 마다 개인적인 능력의 차이가 심하다는 데 있다. 특히 경험이 짧은 초임 AE들로서는 광고주의 광고 대행과 관련한 변화의 움직임을 앞서 간파하기가 쉽지 않다. 그러나 AE라면 항상 광고주 변화에 맥을 짚을 줄 알아야 한다. 대행사에 우호적이던 인사의 이동이나 경영권 변화가 예상되는 기업 M&A 같은 외부 환경 변화처럼 대행이동의 전조가 보이는 현상을 미리 읽어낼 수 있어야 하는 것이다.

평상시에는 사소한 일에도 시시콜콜 트집을 잡던 광고주가 AE의 큰 실수에도 전혀 문제를 삼지 않고 스스로 해결하고자 한다면 이는 실제적 위기가 닥친 상황이다. 만약 광고주가 지금까지 집행했던 광고 관련 모든 자료를 CD-ROM에 담아달라고 한다면 이는 돌이킬 수 없는 결별을 위한 수순에 들어갔다고 판단하면 된다.

수많은 선택의 상황에서 매순간 정확한 판단을 할 수 있는 능력은 하루아침에 길러지지 않는다. 커다란 떡갈나무도 조그만 도토리 한 알에서 비롯되는 것처럼 경험이 모여 논리적 분석과 전략적 마인드라는 토대 위에서 자라나고 꽃이 피어야만 가능한 일이다. 각각의 해결책들 역시 전 단계의 해결책을 기반으로 얻어진 것임을 감안하면 AE 스스로 어제의 경험과 오

늘의 지혜를 차곡차곡 쌓아가는 성실한 자세가 필요하다.

순간 판단을 잘 하기 위해서는 몇 가지 방법이 있죠.

첫째는 판단에 필요한 경험을 쌓는 것입니다.

주위에서 무슨 일이 일어났는지, 내가 무엇을 하는지에 대한 판단의 경험이 필요합니다. 우리의 의식을 교육시켜 나가는 거죠. 계속해서 정보를 축적시키고 축적시킨 정보와 경험을 빠른 속도로 사용해 보는 거죠.

— 「블링크」 中

20

광고주와 함께 커나가라

나는 전에
한 번도 이름을 들어본 적이 없다는 이유로
사무용 기기를 만드는 작은 회사를
거절한 적이 있다.
그 회사의 이름은 제록스였다.

— 데이비드 오길비

● 중소 광고주 방문

광고주 : 저희 회사가 규모는 작아도 내실 있는 회사입니다. 마침 획기적인 신제품이 나와서 이번 기회에 광고를 하려고 합니다.

AE : 그럼 상장회사가 아니겠네요.

광고주 : 그렇죠.

AE : 혹시 광고대금 결제를 광고전에 선 입금 하실 수 있겠습니까?

광고주 : 글쎄요. 그건 좀 어렵겠네요.

AE : 광고비를 얼마나 생각하고 계신가요?

광고주 : 지금은 O억 정도로 생각하고 있습니다만 매출이 늘어나면 광고비도 늘릴 계획입니다.

AE : (잠시 뜸을 들이다.) 죄송합니다만 다른 대행사를 찾아보시는 게 좋겠습니다.

대행사는 광고주를 대신하여 광고를 집행하는 위수탁 형태의 관계이다. 따라서 부도와 같은 광고주의 부실이 발생할 경우 연대보증 책임이 있는 대행사로서는 꼼짝없이 막대한 금전적 손실을 입게 된다. 따라서 대행사로서는 재무 건전성이 담보되지 않는 광고주의 대행을 무턱대고 할 수는 없는 입장이다.

위험부담은 피하고 싶은 AE 입장에서 위 사례처럼 재무상태가 미심쩍은 광고주의 영입은 소극적이 될 수밖에 없다. 그러나 주위에는 AE와 대행사 모두에게 위험가능성이 있는 기업임에도 성장 가능성에 무게를 두고 대행을 이루어내는 적극

적이고 도전적인 AE들도 많다. 어려울 때 함께 고생하는 AE의 고충을 잘 알고 있기에 크게 성공을 거둔 광고주들은 진심으로 고마움을 표현하는 것이다.

이처럼 광고주의 성장은 담당 AE의 발전과 맥을 같이 하는 경우가 매우 많다. 그런데 일부 AE 중에는 광고비와 AE의 능력이 비례하는 것처럼 중소형 광고주보다 대형 광고주만을 선호하는 양상을 보이곤 한다. 대형 광고주 역시 처음부터 지금의 위치에 있었던 것이 아님에도 개인의 커리어에 관심이 높은 AE들은 중소형 광고주를 "손만 많이 가고 실익이 없다"며 외면하는 태도를 보인다. 이런 AE들은 작은 광고주가 담당 AE의 도움으로 하루하루 커 가는 보람을 알지 못하며 성공한 광고주가 어려울 때 함께 했던 AE에게 잊지 않고 보답하는 끈끈함도 느껴보지 못한다. 실제로 국내 유명 식품회사인 P사 사장은 초창기 어려웠던 시절에 성심성의를 다해준 AE가 회사를 옮기자 상당량의 광고 물량을 수의계약으로 넘겨주는 든든한 파트너십을 보여주었다.

광고주의 성장은 비단 회사만을 의미하지 않는다. 광고주 개인의 성장도 AE와 밀접한 관계가 있다. 담당 광고주의 지위가 낮다고 상대하지 않고 광고주 고위층만을 접하려는 AE도 있는데 이는 대단히 오만한 생각이다. 담당 광고주가 언제나 낮은 직급에 있을 리 만무하거니와 현재의 그와 친분을 쌓는 것은 미래 가능성에 투자하는 것이다. 특히 마케팅이나 광고 담당은 상당히 유능한 직원들로 선발된다는 사실을 고려할 때 미래의 임원이나 사장을 홀대하는 실수가 될 수도 있는 일이다.

S대행사 ㅈ기획본부장은 광고주를 방문하게 되면 반드시 입구에 자리한 말단 여직원에게 먼저 인사를 건넨다. 이유가 없어도 항상 고맙다는 말과 함께.

G학습지로 처음 광고를 시작한 N사는 현재 그룹 규모로까지 성장했는데 대행사 선정 때 과거 어려움 속에서 광고를 진행했던 담당 AE를 스카우트 하라는 조건을 내걸었을 만큼 끊임없는 지원을 아끼지 않고 있다.

21

광고주에 애착을 가져라

마케팅 컨설턴트 그리핀은
영업사원이 필히 사용해야 하는 단어
'Top 50' 을 선정했는데
그 리스트에서 상위 3위까지의 단어는
고객과 공동체의식을 조성하는 'We, Us, Our' 였다.

—「설득 전략 24」中

● S통상 애뉴얼 P/T 시작 전

> 광고주 : (언짢아하며) 아니 우리가 패션회사인데 타 회사 옷을 입고 오시면 어떡합니까?
>
> AE : 죄송합니다. 매체 담당 직원이라 미처 신경을 쓰지 못했습니다.
>
> 광고주 : 아무리 배석만 하는 분이어도 OO대행사 직원이잖습니까?
>
> AE : (유구무언 상태)
>
> 광고주 : 부사장님께서 이런 일에 워낙 예민하신데……. 어쩐다! 일단 저분은 P/T장에 못 들어오게 하세요.

대행사와 광고주가 공동체의식을 가져야 한다는 사실은 파트너로서 기본 의무이다. 때문에 광고주의 제품이나 서비스에 대한 AE의 태도는 광고주에 대한 열의를 측정할 수 있는 잣대가 된다.

자사 제품이나 서비스에 대한 광고주의 자부심은 무척이나 대단한데, 맥도널드 레스토랑 체인 창업주인 레이 크록은 자신의 맥도널드에 대한 믿음이 종교와도 같다고 말한다. 그는 평소 신, 가족, 맥도널드를 믿는다고 하면서도 사무실만 들어서면 그 순서가 '거꾸로'라고 할 만큼 제품에 대한 믿음이 확고하다. 또 미국의 담배회사인 필립 모리스 역시 사원들에게 매달 월급봉투와 함께 담배 한 박스를 보냄으로써 의사들과 상관없이 자사의 제품에 대한 자부심을 자랑스럽게 공개한다.

필자 역시 이런 경험을 자주 하게 되는데 D소주 광고주는 대행사와의 1차, 2차, 3차로 이어지는 회식자리가 무조건 자사 소주로만 채워지게 했고, 광고 제작을 위해 차량 방문한 K아파트 건설현장에서는 자신들이 속해있는 그룹에서 생산한 자동차가 아니라며 진입도 시켜주지 않았다. H바닥재 회사 직원은 자사 바닥재가 시공돼 있지 않은 음식점엔 발걸음도 하지 않는다.

이처럼 예민한 광고주를 제일선에서 상대하는 AE가 그들의 제품과 서비스를 소중히 여기고 존중하는 것은 당연하다. 더욱이 담당 AE가 광고 제품을 사용하지 않으면서 판매방법을 찾겠다는 것은 그야말로 어불성설이다.

담당 AE가 광고주의 제품과 서비스에 끈끈한 애착을 보일 때 광고주는 대행사를 가족의 일원으로 간주하기 마련이다. 이처럼 광고주와 진정한 동반자 관계가 형성될 때, AE는 다음과 같은 이점을 얻을 수 있다.

첫째, 광고주 내부의 고급정보에 접근할 수 있다.

향후 광고 대행이나 예산 계획처럼 대행사와 직접 관련 있는 정보는 물론 신상품 개발, 매출, 경영진의 주요 관심사나 개별 성향과 같이 광고주 직원만이 알 수 있는 고급정보를 공유하게 된다.

둘째, 보다 현실적인 제안을 할 수 있다.

실제 현장에서 광고주가 느끼는 문제점과 관련된 폭넓은 분석이 가능하기에 심도 깊은 제언과 함께 광고 안 개발도 적극적으로 할 수 있게 된다.

셋째, 대행사에 호의적인 인맥을 구축할 기회를 얻을 수 있다. 광고주 실무진을 통해 타 부서 직원들과 친분을 맺게 되면 대행관련 각종 사건 사고 발생 때 이들이 강력한 지원군이 되어 도움을 주게 될 것이다.

그러나 무엇보다 중요한 효과는 가족으로 인정하는 대행사에게 경쟁 P/T를 시키는 광고주는 본 적 없다는 사실이다.

AE라 해서 누구나 이 같은 신뢰를 광고주로부터 얻을 수 있는 것은 아니다. 광고주를 대하는 데 있어 특별한 노력 즉, 광고주에게 단순한 업무 파트너로서가 아닌 진정한 동반자로서의 믿음을 지속적으로 심어주는 노력을 해야 한다. 이를 위해선 광고주 제품과 서비스에 대해 남다른 애착을 가져야 하고 광고주 개인에 대한 인격적인 존중이 반드시 수반되어야 한다. 그들의 일상사를 이해하고, 관심사를 공감하며, 그들의 생각을 정확히 읽어내려 노력할 때 그냥 AE가 아닌 가족 개념의 광고주 전문가가 될 수 있다.

S대행사 모 AE는 광고주 공장에서 화재가 발생했다는 뉴스를 보자마자 바로 현장으로 달려가 광고주를 위로했다고 한다. 감동을 받은 광고주는 화재 사실 조차 모르고 있는 복수 운영대행사인 C대행사에 배정된 광고 예산 중 상당량을 S대행사로 이동시켰다.

22

스포트라이트는 광고주에게 양보하라

글래드스턴과 함께 식사를 한 뒤
자리를 뜰 때는
그가 영국에서 가장 똑똑한 사람이라는
생각을 갖게 되는데 비해,
디즈레일리와 식사를 한 뒤에는
나 자신이 영국에서
가장 똑똑한 여성이라는 인상을 받게 된다.

— 빅토리아 여왕

● D광고주와 광고캠페인 관련 통화

> 광고주 : 이번 광고는 아무리 생각해도 정말 아닌데, 대행사가 좋다고 해서 어쩔 수 없이…….
> AE : 섭섭하게 무슨 그런 말씀을…….
> 광고주 : 아무튼 결과에 대한 책임은 대행사측에서 지는 겁니다.

● 광고 런칭 후 반응이 성공적이자

> 광고주 : 거 봐요! 내가 처음부터 잘 될 거라 그랬죠?
> AE : 아, 예!

다방면의 재주가 있는 사람들이 모여 작업을 하는 광고의 특성상 그 결과에 대한 논공행상에도 항상 잡음이 일기 마련이다. 성공한 케이스에는 적극적으로 기여도를 주장하고 나서고 결과가 좋지 못할 경우 관련성을 한사코 거부하는 이중적인 움직임들을 실제 제작 현장에서는 흔히 볼 수 있다. 사람들의 관심도 광고의 과정보다는 결과물에 집중되는 편이어서 광고 프로세스의 전반을 폭넓게 조율하는 AE보다는 크리에이티브 부분이 아무래도 스포트라이트를 자주 받게 된다.

때문에 현실적으로 AE는 아무리 광고 성공에 중요한 역할을 해도 그 공을 내세우기가 어렵고, 잘못될 경우에는 비난의 화살을 혼자 감당해야 하는 딜레마에 갇혀있는 형세이다. 특히 성공의 전면에 나선 크리에이터나 광고주가 AE의 콘셉트를 가장 심하게 비판하고 반대했던 장본인일 때 AE가 받을 스트레스는 배가되기 마련이다. 이처럼 권한은 없고 책임만 지는 자리가 바로 AE의 자리인 셈이다.

만약 AE가 자제력을 잃고 광고 제작 프로세스에 관련된 모든 사실 관계를 밝히게 되면 어떤 일이 일어날까. 혹 지금까지의 숨은 공로를 단숨에 인정받는 계기가 될까. 아마도 십중팔구 대행사 내부의 팀워크가 무너짐과 동시에 광고주와의 관계도 회복 불가능 수준으로 악화될 것이다. 그럼에도 경험이 부족한 초임 AE들은 자신의 공을 드러내기 위해 미성숙한 실수를 범하는 사례가 종종 있는데 이들은 은연중에 다음과 같은 표현들을 통해 광고주의 역할을 부정하곤 한다.

첫째, "광고주를 설득해서" 또는 "광고주 설득이 힘들다"는 말을 수시로 남발한다.

마치 광고주가 반대 의견을 제시한 것처럼 비치게 하거나 이해수준이 낮음을 암시하는 뉘앙스를 풍기는 것이다.

둘째, "광고주 제품에 차별적 우위점이 없어서 광고로 차별화를 이루었다"는 말을 자주 사용한다.

이는 광고주 제품이나 서비스가 경쟁사에 대비해서 아무런 장점이 없는 것으로 잘못 인식될 수 있는 표현이다.

셋째, "광고주에게 크리에이티브를 이해시키기가 너무도 힘들었다"며 본인의 크리에이티브 감각을 내세우고 광고주의 크리에이티브에 대한 낮은 이해 능력을 은근슬쩍 알리는 표현을 사용한다.

거듭 강조하는 바이지만 광고주의 권위를 테스트하는 것은 어리석은 일이다. 경험적으로도 광고주가 대행사를 칭찬하는 방법이 열 가지라면 대행사를 괴롭히는 방법은 일만 가지도 넘을 것이다. 실제로 유명한 광고를 만든 광고계의 원로가 본인의 주도적 역할을 은연중에 일반에게 알리면서 광고주와의 관계가 상상을 초월할 정도로 악화되었다고 한다.

아낌없는 선물로 사람을 완전히 압도해버리는 관행을 인디언 겨울축제라고 한다. 일부 인디언 종족들의 경우 자신의 재산을 더 많이 포기할수록 그에 비례해서 부족 내 지위가 상승했다고 한다.

AE의 경우도 이와 유사하다. 스스로를 낮출수록 그 지위가 더 공고해진다. 지금 당장 인정받지 못한다는 점에서 초조해질 수도 있지만 장기적 안목으로 차근차근 자신의 입지를 설계해 나가는 지혜가 필요하다.

능력은 거래되는 것이 아니다. 광고 업무는 혼자서 하는 일이 아니기에 AE 없이 일을 진행할 때마다 그 빈자리가 느껴지기 마련이다. 고비라도 닥치면 AE의 능력은 재차 증명될 것이다. 노력은 가져갈 수 있을지 몰라도 뛰어난 능력만큼은 누구도 욕심낼 수 없다.

더욱이 겸손함까지 갖춘 능력이라면 반드시 보답을 받게 될 것이다. 당장은 공을 가로채이는 느낌을 받겠지만 절대 조급하게 생각할 필요가 없다. 그들에게 투자한 것이고, 그들은 AE에게 심리적으로 빚을 지고 있는 셈이다. 능력 있는 AE가 겸손하고 성실한 태도로 도움을 주었을 때 그들은 미안함과 고마움을 동시에 느끼게 될 것이다.

H증권의 수익률 게임 아이디어를 제언하여 구체화시킨 적이 있다. 나중에 광고주가 그 아이디어의 제공자로 인정받아 모 증권사로 거액의 스카우트가 되었는데, 당신이라면 그 회사에 이 사실을 말하겠는가?

23

일 년짜리 대행을 벗어나라

공격은 점수를 얻고,
방어는 경기를 승리로 이끈다.

— 스타벅스 회장 하워드 슐츠

● K보일러 광고주의 광고대행연장 논의 중

광고주 : 요즘 통 저희한테 신경을 안 쓰시는 것 같은데 혹시 너무 오래해서 그런 건 아닌가요?

대행사 : 그럴 리가 있습니까? (준비한 서류를 펼쳐 보여준다.) 지금 맡고 있는 AE들의 인사 평가표입니다. 보시다시피 최고의 인재를 투입할 정도로 저희에겐 중요한 광고주이십니다.

광고주 : …….

한 광고주와의 오랜 대행 관계 유지는 광고 전략의 일관성과 업무의 효율성 면에서 볼 때 매우 능률적이다. 광고의 효과 또한 단기간에 나타나기 보다는 반복된 노출에 따른 누적 효과에 의해 얻어지는 것이어서 될 수 있는 한 대행 기간을 길게 가져가는 것이 더 유익하다.

그러나 현실은 일 년 단위로 대행사를 바꾸는 광고주가 대부분이라고 해도 과언이 아닐 만큼 불안정하기만 하다. 3년 이상의 대행이 흔치 않은 사례로 떠오를 만큼 광고시장은 잦은 지각변동을 겪는다.

광고 선진국인 미국의 경우, 전美 광고대행사협회 조사에 따르면 평균 대행기간이 5년 이상이다. 더 놀라운 사실은 세계적으로도 잘 알려진 대형 광고주들이 놀라우리만큼 긴 장기 대행관계를 유지하고 있다는 점이다. 말보로, 듀폰, GE,

P&G, 스콧페이퍼 등은 50년 이상, 아메리카텔레폰, 엑손, 제너럴모터스 등은 70년 이상 한 대행사와 동반자적 관계를 유지하고 있다.

그렇다면 국내의 광고 시장은 왜 잦은 이동을 필요로 하는 것인가. 이유는 광고주와 대행사의 이해관계가 서로에게 잘 부합된다는 데 있다.

광고주는 대행사 교체라는 카드를 통해 광고주 내부의 문제를 광고만의 문제로 책임 전가시킬 수 있고, 기존 대행사와는 다른 새로운 변화를 기대하며, 새 대행사 선정을 통해 부가적인 영업이익을 도모할 수 있게 된다.

대행사 역시 신규 광고주 개발을 통해 새로운 도약의 계기를 마련하고, 사내 분위기 쇄신과 함께 대외적 과시효과를 발휘할 수 있다. 만일 새로운 경영진이 부임할 경우 개발에 대한 가치는 한층 높아질 수밖에 없어 신규 광고주 개발에 더더욱 박차를 가하게 된다.

그러나 대행사 입장에서 살펴볼 때 신규 광고주 개발은 득보다 실이 많은 게 사실이다.

첫째, 금전적인 손실을 들 수 있다.

일반적으로 신규 광고주 개발에 필수적인 P/T 비용은 4천만 원 정도인데 사안이 중대할 경우 1억 원을 훌쩍 넘기기도 한다.

둘째, 이런 비용을 지불해도 신규 광고주 영입은 쉽지가 않다는 점이다.

경쟁 P/T는 보통 3~5개 대행사가 참여하고 성공률은 30% 미만이다. 막판 변수까지 감안하면 실제 성공률은 더 낮아진다.

셋째, 신규 광고주 영입 실패에 따른 후유증도 만만치 않다는 사실이다.

L대행사는 영업실패로 사내 분위기가 침체될 것을 우려해 성공 가능성이 높은 광고주 위주로 개발 대상을 제한할 정도이다.

광고주 입장에서도 현실은 계획처럼 긍정적이지만은 않다. 그 연유를 세 가지 측면에서 살펴보겠다.

첫째, 자사의 제품이나 서비스에 대한 근본적인 혁신 없이 광고의 변화만으로는 기대만큼의 효과를 거두기 어렵다.

둘째, 실제로 경쟁 P/T를 통해 선택된 광고 방향이나 크리에이티브는 대개가 실용적이지 못하다.

대행사들은 경쟁에서의 승리가 주된 목표이다 보니 광고주의 현실 보다는 아무래도 자극적이고 경쟁지향적인 시안 위주로 제작을 하기 때문이다.

셋째, 교체의 대의명분인 새로운 분위기에 대한 기대도 결코 말처럼 간단하지가 않다.

위 사례를 통해서도 알 수 있듯이 대행사의 보유 인력은 평준화된 것이 아니어서 대행사 경영진은 주력 광고주에게 우수 인력을 배분할 수밖에 없다. 따라서 잦은 대행 이동이 의심되는 변덕 심한 광고주에게 정예멤버가 투여될 가능성은 없다고 봐야 한다.

H사는 H대행사와 20년 이상 최장기 대행계약을 유지해 온 것으로 유명하다. 그들은 문제가 생길 경우, 경쟁 P/T를 통해 새로운 대행사를 찾기 보다는 담당 AE 교체를 요구한다. 이는 AE 교체만으로도 충분한 변화의 효과를 거둘 수 있다는 사실을 이미 체험으로 알고 있는 까닭이다.

기존 고객의 유지와 신규 고객 개발 사이의 효율성을 분석한 자료에 의하면 경쟁사로부터 새로운 고객을 유인해오는 것보다 기존 고객의 만족도와 충성도를 향상시켜 평생 고객으로 확보하는 것이 더 효과적인 것으로 나타난다. 비슷한 다른 보고서에서도 새로운 고객 확보가 기존 고객의 유지에 비해 무려 5배 이상의 비용과 시간이 소요된다고 전하고 있다.

이익 증가율도 고객유지율 5% 향상마다 25~95%에 달한다고 한다. 따라서 현재의 고객을 장기간 유지하는 것이 기업의 안정적인 이윤 창출에 있어 매우 효율적이라는 결론을 내릴 수 있다.

열악하고 소모적인 광고환경 속에서 장기대행의 관행이 자리 잡기까지는 시간이 필요할 것이다. 외국의 사례에 비하면 아직은 미미한 수준이지만 몇몇 광고주와 대행사에서 중장기적인 대행관계가 시도 되고 있다. 이를 활성화시키고 장기 대행을 관행으로 정착시키기 위해선 '담당 광고주에게 충실할 것!' 바로 이 한 문장이 유일한 해법이다.

AE 출신 경영자로 유명한 L대행사는 한때 신규 광고주 영입에만 전념했다. 그러다 기존 광고주 이탈이 심각한 문제로 대두되면서 광고주 수성에 실패하자 경영 악화의 위기를 겪게 된다. 이후 기존 광고주에 대한 서비스를 대폭 강화하는 쪽으로 방향을 돌렸다.

24

AE의 월급은 광고주가 준다

나에게는 누구에게라도
과소평가하는 말이나 행동을 할 권리가 없다.
중요한 것은 내가 그 사람에 대해 어떻게 생각하느냐가 아니고,
그가 그 자신을 어떻게 생각하느냐 하는 것이다.
사람의 존엄성에 상처를 주는 것은 죄악이다.

– 생 떽쥐베리

광고주 : 대행사에서도 PPL 하십니까?

AE : 아뇨, 하지 않습니다.

광고주 : 그러면 자료 좀 가지고 계신 거 있나요?

AE : 우린 4대 매체 대행사지 그런 거 안 한다니까요.

광고주 : 그래도 대행사에서 알아봐 줄 수도 있는 거 아닙니까?

AE : (고조된 음성) 아이 참, 우린 그런 거 안 한다고 몇 번을 말씀드려요?

광고주 : 광고주가 요구하는데 이거 너무 하시는 거 아닙니까?

AE : 정말 뻑 하면 광고주 광고주 하시는데 듣기에 상당히 거북합니다.

광고주 : (고성을 지르며) 아니 뭐 이런 사람들이 다 있어?

AE : 뭐요? 말 가려서 해요.

광고주 : 이제 아주 막 가네. 어디 두고 봅시다.

광고에 대한 지식은 얄팍한 수준이면서 전문가라도 되는 것처럼 떠들어대는 AE들이 있다. 이런 스타일의 AE들은 광고 경험이 별로 없는 광고주를 상대로 갖은 허세를 부리기 마련이다. 그러다 뜻하지 않게 노련한 광고주를 만나게 되면 최악의 악성 광고주에게 걸렸다며 온갖 엄살을 피우기 일쑤이다.

그러나 초임 광고주도 시간이 지나면 경험이 쌓이는 법. 점차 만만하게 상대할 광고주 찾기는 어려워지고 주위는 온통 악성 광고주로 채워지게 된다. 그럴 경우, 자신의 재능을 인정하지 않는 광고주의 무지를 탓하고, 불평등한 갑과 을의 관계는 그만 청산돼야 한다며 연신 소주잔을 기울이는 초라한 모습의 배경인물로 남게 될 뿐이다.

이런 AE들이 간과하고 있는 두 가지 광고주 불변의 법칙이 있다. 바로 광고가 존재하는 이 세상 어느 곳에서도 대행사와 광고주의 관계가 역전된 적이 없다는 사실과 그들의 월급을 광고주가 주고 있다는 점이다.

이런 AE들은 실력은 언제나 제자리걸음인데도 연차가 쌓이게 되면 자만심에 빠져 광고주를 속이거나 리드하려 들기 마련이다. 그러나 생각만큼 광고주는 호락호락하지 않다는 점을 잊고 있는 게 문제이다. 광고주도 일정 수준 이상의 광고지식은 가지고 있고 때로는 AE 출신의 광고주도 심심찮게 접하게 되는 현실에서 어설픈 대응은 AE로서의 신뢰감만 잃게 될 뿐이다. 광고주는 의문이나 의심이 나는 부분에 대해서 담당 AE에게만 문의하지 않는다. 불필요한 오해를 사거나 눈속임을 하려는 행위는 처음부터 시도조차 하지 말아야 한다.

광고의 화려함에 이끌렸거나 넘치는 재기를 풀어낼 분위기를 찾아 AE가 무엇인지도 모르고 광고계에 입문하게 된 사람들에게서 공통적으로 발견되는 특성이 있다. 그건 바로 감정기복이 매우 심하다는 것과 감정 조절 능력이 약하다는 점이다. 때문에 대행사 내외에서 트러블 메이커가 될 가능성이 높은데 만약 광고주와의 트러블을 금기시하는 대행사에서 트러블 AE로 이미지가 굳어지면 경력 관리는 치명적인 손상을 입을 수밖에 없다.

실례로 광고주의 부적절한 언행을 참다못한 AE가 광고주를 상대로 법정다툼을 벌인 일이 있는데 그 소문이 일파만파 퍼지면서 AE는 광고계를 영원히 떠날 수밖에 없었다. 당신이 대행사 경영자라면 업무 능력은 뛰어난 AE지만 광고주와 툭하면 부딪치는 성격의 소유자를 흔쾌히 고용할 수 있겠는가.

위 사례에서 광고주는 전화를 끊자마자 다른 대행사에 경쟁 P/T 참가를 요청했다고 한다.

25

이별을 잘하는 선수가 되라

길들인다는 건 관계를 만든다는 거야.
너는 아직은 나에게 수많은 다른 소년들과 다를 바 없는
한 소년에 지나지 않아.
하지만 네가 나를 길들인다면
나는 너에게 이 세상에서 오직 하나 밖에 없는 존재가 되는 거야.

—「어린왕자」 中

● 학습지 광고주와 저녁 회식 자리

> 광고주 : 그동안 수고하셨습니다. 내년에는 비록 다른 대행사와 일하게 되어 아쉽게 됐지만…….
>
> AE : (소리 버럭) 야! 똑바로 해!
>
> 광고주 : 술이 좀 과하신 모양입니다.
>
> AE : 야! 문제는 대행사가 아니라 네가 잘해야 하는 거였어.
>
> 광고주 : 그동안 제게 불만이 많으셨나 봅니다.
>
> AE : 그래 XXX야!
>
> 광고주 : (일단 침묵)

● AE 이직 일 년 후

> 대행사 임원 : 너 전에 OO학습지 담당했다며?
>
> AE : 그렇습니다.
>
> 대행사 임원 : 잘 됐다. 경쟁 P/T 하기 전에 대행사 O/T 한다니까 네가 가 봐. 잘 알거 아냐?
>
> AE : 네? 제가요?

광고주가 대행사와 결별을 선언하는 이유는 다양하다. 크리에이티브가 약해서, 창의성이 부족해서, 사고에 대한 책임을 물어서, 경영진의 교체 요구 때문에, 직접적인 이유는 없으나 불가피한 사정으로 인해 등, 이유도 사연도 모두 상황마다 다르다. 그런데 일부 AE들 중에는 결별을 통보한 광고주라 해서 다시는 보지 않을 것처럼 심각한 트러블을 만들기도 하는데

이는 주의를 요하는 매우 어리석은 행동이다.

한 대행사에 오래 있는 것이 드문 광고업계에서 AE의 이동은 잦을 수밖에 없다. 그러나 경험을 중시하는 업계의 성향을 고려할 때 예전의 광고주를 다시 만날 확률은 예상 외로 높다.

H약품을 담당했던 A대행사 담당 팀 전체가 B대행사로 옮기게 되었는데 B대행사에서는 팀의 경력을 인정하고 H약품을 또다시 담당하게 했다. 이처럼 명함만 바뀌게 된 인력 운용방식을 접하고 H약품 광고주는 실로 경악을 금치 못했다고 한다.

이별은 항상 또 다른 만남이다. 언제 어디서 어떻게 만나지게 될지는 아무도 모르는 일이다. 그러기에 헤어질 때 잘 헤어져야 한다. 광고주와 대행사가 결별을 할 때 원인이 되었던 사정들은 시간이 흐른 뒤 개선되기 마련이다. 특히 결별의 이유가 업무에 기인한 것이 아니라 정치적인 요소로 인한 불가피한 이동이었을 경우 재회의 시기는 더 앞당겨진다. 광고주와 AE의 관계가 좋았다면 다시 파트너가 될 가능성은 더더욱 높다. 따라서 항상 좋은 이미지를 남기는 것이 중요하다.

특별한 일이 없어도 지속적으로 연락을 하고 안부를 챙기며 광고주 관리를 이어가야 한다. 이 경우 회사 차원의 만남보다는 개인적인 만남이 더 효과적이다. 현재 담당하는 광고주 관리만으로도 어깨가 무겁겠지만 그 노력은 반드시 결실로 이어지게 될 것이다.

광고업계 내에서 모 광고주 PM 출신의 OB 모임은 다양한 업종에 종사하는 선후배들이 끈끈한 유대관계를 맺고 있는 것으로 유명하다. 나는 예전 담당 AE의 자격으로 그들 모임에 자연스레 합류하게 되었는데 그곳에서 얻는 광고주 관련 개발 정보는 결별 당시 내 힘으로는 도저히 어쩔 수 없었던 쓰라린 기억을 충분히 보상받고도 남는 유익한 내용들로 가득하다.

26

사귐에도 스토리가 필요하다

중미 관계의 회복과 발전은
양측의 주요 공동 관심사 때문이지
서로 같은 가치관 때문이 아니다.

— 장쩌민

● 사내 기자실을 막 나서는 광고주

광고주 : (고개를 설레설레) 정말 싫다 저 기자!
AE : 왜 무슨 일 있으세요?
광고주 : 종일 기자실에 앉아서 이 자료 달라, 저 자료 달라. 덕분에 오늘 아무 일도 못했잖아요.
AE : 어느 신문사 기자인데요?
광고주 : OO경제 신문사에요.
AE : 산업담당이면 혹시 OOO 기자 아니에요?
광고주 : 맞아요. 그 기자 알아요?
AE : 제 대학 동기잖아요. 기자실에 아직 있어요? 그 친구?
광고주 : (머뭇머뭇) 저~ ……. 조금 전 제 얘기는 없던 걸로…….

업무 성격상 다양한 분야의 광고주를 상대해야 하는 AE이지만 의외로 사람 사귐에 어려움을 토로하는 AE들이 많다. 정해진 대행기간 동안 광고주와 잘 지내야 광고 제작 과정도 순조롭기 마련이어서 높은 SQ지수*는 AE의 중요한 덕목이라 볼 수 있다. 따라서 능력 있는 AE로 성장하고 싶다면 사람 사귀는 방식에도 차별성이 있어야 한다.

신규 광고주의 경우 새로운 사람을 사귀는 일이 업무의 시작이 된다. 빠른 시간 안에 가까워져야 한다는 압박감도 심적으로 힘든 부분이지만 실무 광고주의 개인적 성격이 사무적 스타일이라면 개인적 친분을 나누기가 한층 더 어렵다. 그러나 서둘러 낙담을 할 필요는 없다. 경험적으로 볼 때 까다로운 광고주일수록 후일 끈끈한 관계로 남는 경우가 더 많았다.

사람 사귐에도 스토리가 필요한 법이다. 남들과 같은 방식으로는 자신의 존재를 차별화시킬 수 없다. 예를 들어 광고주 접대를 할 때 무조건 비싼 집으로, 약속장소는 언제나 가는 곳으로, 선물을 고를 때 단순히 고가의 제품 위주로 선택을 한다면 이는 다른 AE들의 방식과 다를 바가 없다. 누구라도 쉽게 할 수 있는 일에 마음이 열리지는 않는다. 상대는 여러 AE들과 관계를 맺어 온 경험 많은 광고주라는 사실을 잊지 말아야 한다.

필자의 경우, 광고주와 함께 하는 일에는 대체로 의미를 만들어 진행하는 편이다. 식사를 해도 '서울에서 두 번째로 잘 하는 집'과 같이 광고주와 광고주의 기억에 특별한 가치를 부여해줄 만한 장소를 선택한다. 이런 식의 성의는 인터넷 상에서 잠시 검색하는 시간 정도만 투자하면 충분히 실천할 수 있는 일이다. 내 작은 수고가 상대에게는 엄청난 배려로 느껴질 수 있다.

S대행사 ㅇ기획본부장은 일본 거래처에서 고위 간부가 방한했을 때 머무는 기간 내내 철저히 준비된 일정으로 감동을 주었는데 마지막 날 출국할 때도 직접 공항에 나와 오랫동안 잊지 못할 선물을 전해주었다고 한다. 선물 내용은 바로 시골집에서 그의 어머니가 손수 담근 김치였다.

기네스북에도 오른 바 있는 미국의 자동차 판매 왕 조 지라드에 의하면 한 개인에게 영향력을 행사할 수 있는 주변 사람의 수가 250명 정도라고 한다. 이는 오랜 세월 장례식을 주관한 장의사의 실제 체험에서 나온 수치인데 조 지라드는 어떤 사람이 사망하든 평균 250명 정도가 조문을 오고 이를 기준으로 장례용품을 준비한다는 장의사의 말에 힌트를 얻고 영업에도 적극 활용했다고 한다.

꼭 250명은 아니더라도 주위를 돌아보면 누구나 사회생활을 해오면서 축적된 인적 네트워크가 형성돼 있기 마련이다. 그런데 AE의 인적 네트워크는 개인적 차원을 넘어 광고주와 인간관계의 폭을 넓히는 데 효과적으로 활용할 수 있다는 점에서 시스템적으로 발전시킬 필요가 있다. 예를 들어 평소 허물없이 지내는 기자 친구가 광고주에게는 절실히 필요한 인물이 될 수도 있고, 잘 알고 지내는 항공사 직원이 광고주의 다급한 비행기 예약에 해결사로 등장할 수도 있기 때문이다. 광고주가 AE의 촘촘한 인적 네트워크에 호감을 갖고 도움을 청할 때 개인적인 친분은 물론 자연스레 업무를 공유할 수 있는 파트너로 인정받게 될 것이다.

T광고주가 S대학병원에 입원한 일이 있다. 갑자기 수술까지 받게 된 터라 광고주는 무척이나 당황한 기색이었는데, 마침 동료 중에 그 병원 외과 과장의 아들이 있어 편의를 부탁할 수 있었다. 무사히 수술을 마친 광고주가 퇴원 뒤 첫 만남의 자리에서 하는 말, "제가 도와드릴 일이 없을까요?"

---

* SQ(Social Quotient)지수 : 타인과의 감정 이입과 협동능력을 일컫는 사회적 지능지수

27

담당광고주 비난은 금기이다

젊은 건축가들은
그들이 설계한 건물들에 담쟁이를 심어야 한다.
시간이 지나 담쟁이가 자라
젊은 시절의 경솔을 덮어버리도록 말이다.

— 근대 건축의 거장 프랭크 로이드 라이트

● AE들의 저녁 회식 자리

AE 1 : B광고주는 정말 악성 중에 악성이야. 광고비도 조금 쓰면서 어찌나 까다롭게 구는지…….

AE 2 : 맞아요. 거리까지 멀어 거기 가는 날은 아무 일도 못해요.

AE 1 : 큰 광고주 개발하면 확 잘라버리든지 해야지. 힘들어서 원. (그때 옆 테이블에서 매체사 직원이 다가와 아는 척 한다.)

AE 1 : (화들짝 놀라며) 아니 여긴 어쩐 일이세요?

매체사 직원 : 뭐 언짢은 일 있으셨나 봐요?

AE 2 : (머뭇머뭇) 그런 건 아니고 그저 좀…….

AE 생활을 하다보면 감정 조절에 실패해 낭패를 보는 일이 종종 일어난다. 무소식이 희소식이라는 말도 있듯이 광고주들은 보통 때는 연락 한 번 안하다가 상황이 악화돼 더 이상 수습이 어려운 긴박한 순간에 이르러서야 숨 가쁘게 AE를 찾는 야속한 습관이 있다. AE들은 이러한 식의 급박한 호출에 어느 정도 익숙해져 있는 게 사실이지만 AE도 사람인지라 직면해 있는 상황에 따라 속감정이 드러나는 건 어쩔 도리가 없다. 늘 이해관계가 얽혀있는 복잡한 환경을 컨트롤해야 하는 AE입장에서 당면하는 모든 사안마다 완벽하게 감정 조절을 해가며 대처하기란 현실적으로 어려운 일이다.

불편한 속내를 얼굴에 그대로 드러내는 AE의 미숙한 감정 처리는 늘 갈등의 원인이 된다. 자신이 선호하는 안이 채택되지 않는다고 얼굴을 붉히고, 광고주의 생각이 자신이 주장하는 광고 방향과 다른 것에 냉소적이 되고, 나이 어린 광고주에게 무시당했다며 노골적 직설화법을 쏟아내는 AE들이 있다. 때로는 광고주와의 회식 자리에서 평소 서운했던 감정을 여과없이 쏟아 내는 일도 목격하게 되는데 광고주 역시 사람인지라 이런 식의 부적절한 감정 표현은 받아들이기 힘든 법이다.

만약 스스로의 감정조절이 힘들게 느껴진다면 광고주와 처음 만났을 때를 떠올리며 마인드 컨트롤을 해보자. 치열한 경쟁 P/T를 통해 영입에 성공해 능력을 인정받게 해준 그 광고주와 정식으로 첫 인사를 나누었을 때 당신이 진정으로 다짐한 것이 무엇이었는지를. 철부지 아이처럼 자신의 감정을 일일이 표현하는 것은 아마추어 행위 그 자체다.

광고업계는 경쟁이 치열한 만큼 흥미로운 뉴스도 많은 분야이기에 늘 이런저런 소문이 무성하게 떠도는 곳이다. 따라서 AE가 담당 광고주를 어떤 이유로든 비난했다는 사실은 당연히 핫 이슈감이다. 감정에 휩싸인 가벼운 처신은 애써 쌓아온 신뢰감에 치명적인 흠집만 내게 된다는 사실을 절대 간과하지 말자.

AE가 광고주를 비난한 위 사례의 경우, 역시나 발 빠르게 업계 전반으로 퍼져나갔고 결국 광고주와 그 사장의 귀에도 들어갔다고 한다. 대노한 광고주 사장은 경쟁 P/T를 위한 특별

광고 예산을 편성하면서까지 신속하게 대행사를 교체시켰다.

대행사 개발회의에서 가장 관심 있게 다뤄지는 이슈가 무엇인지 아는가? 바로 광고주와 대행사간의 불화와 관련된 소문이다.

> 너의 생각에 주의해라, 생각은 말이 되기 때문이다.
> 너의 말에 주의해라, 말은 행동이 되기 때문이다.
> 너의 행동에 주의해라, 행동은 습관이 되기 때문이다.
> 너의 습관에 주의해라, 습관은 너의 성격이 되기 때문이다.
> 너의 성격에 주의해라, 성격은 너의 운명이 되기 때문이다.
>
> — 탈무드

28

광고주에게 성실한 체 하지마라

사람은 성실하면서 동시에
성실한 체 할 수는 없는 법이다.

— 앙드레 지드

● P/T를 앞두고 광고주 사장과 골프장 휴게실에서 만난 AE

광고주 사장 : 안녕하십니까? 근데 여기서 뵙습니다.
AE : (당황한 기색 역력) 예, 사장님!
광고주 사장 : 요즘 저희 회사 일로 바쁘시지 않나요?
AE : (난감해하며) 아 예, 좀 그렇지요.
광고주 사장 : 그럼 수고 좀 해 주세요. 기대하고 있겠습니다.
AE : 예.

AE의 업무량은 담당 광고주의 오더에 따라 크게 달라진다. 같은 광고비를 사용해도 전파 광고 비중이 높은 광고주가 인쇄 광고 비중이 높은 광고주에 비해 업무의 양과 질 모든 면에서 훨씬 수월하다. 인쇄 광고는 매번 새롭게 광고 원고를 제작해야 하는데다 늘 마감에 쫓기는 터라 업무적 스트레스가 높을 수밖에 없는데 반해 전파 광고는 TV-CM 소재를 만들어 놓고 반복 노출하는 일이어서 운이 좋은 경우 1년 내내 기획서 한 장 안 쓰고 지낼 수도 있기 때문이다.

물론 이는 상식선에서 하는 이야기다. 실제적으로 AE의 업무량을 가늠하는 잣대는 AE의 마인드와 능력에 있다고 봐야 한다. 능숙하게 일을 잘 처리하는 AE에게는 끊임없이 오더가 내려지지만 그 반대의 경우에는 기본적인 연락조차도 뜸할 수밖에 없다. 따라서 광고주가 AE를 어떻게 생각하느냐에 의해 그의 업무량이 결정된다고 보면 타당하다.

그러다보니 가끔 본인의 필요에 따라 이를 악용하는 악성 AE도 볼 수 있게 된다. 일이 일을 낳는다는 소극적인 마인드로 되도록 광고주의 요구에 수동적으로 대응하는 것이다. 성실함은 분명 AE의 기본 덕목이다. 그러나 막상 대행사 내부에서는 이를 제재하기가 쉽지가 않다. AE의 성실함을 판단할 명확한 기준이 법전처럼 명시돼 있는 건 아니기 때문이다.

이런 상황을 악용하며 자신과 대행사에 치명타를 입히는 AE들의 유형은 다음과 같다.

첫째, 정치 지향적인 유형이다.

이들은 철저히 대행사 내부 지향적으로 상사의 눈에 드는 것을 최우선 가치로 삼고 거짓 보고도 서슴지 않는다. 이렇게 사내 정치에 몰두하느라 업무는 늘 뒷전일 수밖에 없는데 기획서는 물론 AE의 핵심과제인 광고 콘셉트까지도 가책 없이 베끼기로 처리한다. 전문지식이 부족하다 보니 광고주 설득도 소위 전문가 집단이나 유명세가 있는 외부인들 손에 맡긴다. 또 어떻게든 연줄을 대기 위해 광고주 신상 파악에 매달리거나, 다른 AE가 이룬 성과물에 은근슬쩍 끼어드는 무임승차 시도도 그들이 즐겨 쓰는 대표적 수법이다.

둘째, 고지식함을 성실함으로 오인하고 있는 아주 무능한 유형이다.

이들의 업무스타일에서 AE로서의 재능이나 융통성은 전혀 찾아볼 수가 없다. 시안이나 기획서를 제시할 때도 내용보다는 가짓수나 양에 매달려 실속 없는 두툼한 보고서 제작에 모든 심혈을 기울인다. 시간 역시 효율적으로 사용치 않고 이리저리 흘려보내다가 필요 없는 야근과 밤샘을 통해 성실함을 인정받으려 한다. 사고의 폭도 좁아 언제나 광고주의 뜻에 오차 없이 순응하며 열린 사고에 대해 저항감을 갖는다.

광고주는 여러 AE들을 접해 본 경험과 나름대로의 기준을 토대로 우열을 판단한다. 그러기에 아무리 대행사 내부에서 인정받는 AE라 해도 광고주 기준에서는 탐탁지 않게 느껴질 수도 있는 법이다. 따라서 AE의 성실성 여부를 판단하는 기준은 대행사가 아닌 광고주의 시점에서 보는 것이 바람직하다. S대행사에서는 비밀리에 광고주를 상대로 자사 AE에 대한 만족도 조사를 실시한 적이 있다. 광고주 평가 자료가 공개된 후, 평소 사내에서는 좋은 평가를 받았지만 광고주 평가 자료에서는 낮은 점수를 받은 AE들은 그 입지가 크게 손상될 수밖에 없었다.

P/T를 앞두고 골프장에서 광고주 사장과 맞닥뜨린 앞 사례의 AE 역시 그날 이후 그의 성실성에 대한 불신이 광고 제작물까지 이어져 꽤 오랫동안 마음고생을 할 수밖에 없었다고 한다.

29

광고주와 친구가 되라

사람들은 누군가가 자기보다
재능이나 돈이 더 많다는 것은
참을 수 있지만
경쟁자가 자기보다 더 매력적이라는 것은
용납하지 못 한다.

— 「유혹의 기술」 中

● 광고주가 부친상을 당하자 조문하러 전라도 장지에 밤늦게 도착

광고주 : 먼 길 와주시고 너무 감사합니다.

AE : 더 서둘러 오고 싶었는데 급한 일 좀 마무리 짓고 오느라고 이렇게 늦었습니다.

광고주 : 저쪽에 저희 회사 임원 분들과 동료들이 있는데 인사 나누시죠.

AE : (반갑게) 평상시 바쁘셔서 다 같이 뵙기 힘들었는데 좋은 기회네요.

(서로 인사를 나눈다)

광고주 임원 : 서울 가실 때 저희랑 같이 가시죠. 이참에 광고 얘기 나누면서요.

AE : 저야 좋지요.

광고주의 모든 일거일동에 관심을 가져야 하는 AE 입장에서 어려운 일 중 하나가 광고주 내부의 변화를 신속하고 정확하게 파악하는 일이다. 특히 광고주 인사와 관련된 내용은 AE 그 자신과 대행사에 직접적인 영향을 미칠 수 있다는 점에서 매우 중요한 부분이다. 때문에 광고주 인사이동 시점은 AE의 그간 광고주 관리에 대한 평가가 논의되는 시점이 되기도 한다.

간혹 직접적인 실무자인 담당 광고주만 소곤소곤 상대하는 AE들이 있다. 그러나 똑똑한 사람은 아는 게 많은 사람이고, 능력 있는 사람은 아는 사람이 많은 사람이란 말처럼 이왕이면 광고주 각 부서내의 모든 사람들과 친하게 지내며 운신의 폭을 넓히는 게 AE 입장에서는 여러 모로 유익하다. 광고주의

보직은 대형 조직이 아닌 이상 순환 직인 경우가 대부분이고 후임자 역시 광고에 직간접적으로 관련된 사내 인물이기 때문이다.

경험적으로 담당 광고주 외에 평소 친분을 나눠두면 좋을 인물을 추천하면 다음과 같다.

첫째, 판매와 영업 부서 사람들이다.

이들은 판매가 저조할 때 즉각적으로 대행사 교체를 요구하고, 대행사 선정에도 상당한 영향력을 행사한다.

둘째, 전에 실무 광고주였던 사람이다.

광고주 사귐에 서투른 AE들이 자주 놓치는 부분이 바로 이 대목이다. 이 빠진 호랑이도 호랑이인 법. 업무 성격상 복귀할 가능성도 높은 데다 선임 실무자로서의 사내 영향력도 여전히 상당하다. 한 번 나빠진 관계는 회복시키기 어렵다. 감정이 상하지 않도록 선임자 예우에도 신경 써야 한다.

셋째, 가장 낮은 직급의 여직원이다.

이들과 친하게 지내면 광고주 움직임에 대한 정보를 가감 없이 얻을 수 있다. 또 가장 나이 어린 직원이기에 광고 안을 선정하는데 있어 기대 밖의 감각을 발휘하는 경우가 종종 있다.

위의 사례에서도 드러나듯이 광고주와의 폭넓은 교류 덕분에 얻게 된 정보는 AE의 수고를 확실히 덜어준다. 그런데 한 가지 주의할 점은 이러한 과정에서 광고주 간의 갈등에 휘말려서는 안 된다는 사실이다. 특히 사소한 다툼이 아닌 광고주 간의 알력이 노골화됐을 때 어느 한 쪽의 편에 서는 일은 너무도 위험천만한 선택이다. 이런 경우 양측을 고르게 아우르는 테크닉이 필요한데 사실 경험 많은 AE라도 풀기 힘든 난제라고 할 수 있다. 그저 전면에 나서기 말고 최대한 중립을 견지하는 것으로 비쳐져야 한다. 눈앞에 보이는 이익을 찾아 한 쪽에 올 인하는 것은 반드시 AE와 대행사에 후환으로 남게 될 것이다.

D건설 광고주가 심한 내홍 끝에 새로운 경영진을 구성했는데 그들이 가장 먼저 한 일은 자신들과 반대편에 섰던 사람들과 돈독한 관계를 맺어 온 AE의 소속대행사와 결별하는 일이었다.

30

경쟁을 즐겨라

경쟁심은 뇌가 아니라
가슴에서 나옵니다.
우리의 머리가 아니라 마음 속 깊은 곳에
경쟁심이 자리 잡아야 합니다.
경쟁자들이 지금 우리 집안에 들어와서
자식과 손자들 대학 보낼 돈을 가져가고 있습니다.
그게 경쟁자들이 하고 있는 일입니다.

— IBM 회장 루이스 거스너

● B수입스타킹을 판매하는 광고주를 방문한 AE

광고주 : 저희는 현재로선 대행사를 교체할 계획이 없습니다. 그리고 혹 저희 회장님과 대행사와의 관계는 알고 계십니까?

AE : 예, 압니다.

광고주 : 그렇다면 제가 딱히 해 드릴 일이 없다는 점도 아시겠네요.

AE : 저희는 단지 B제품에 관심이 있어서 찾아왔습니다. 신세대 젊은 여성을 위한 제품인데다 제가 사용하다보니 몇 가지 제안 드리고 싶은 점이 있어서요.

광고주 : (관심을 보인다) 저희 제품을 직접 써 보셨다고요?

AE : 물론이죠.

광고주 : 안 그래도 요즘 B제품에 대한 관심과 문의가 많아서 생각을 고르던 참입니다. 이 기회에 준비하신 제안 한 번 들어볼까요? 내용만 괜찮다면 그 품목만 경쟁 P/T를 할 수도 있을 것 같은데요.

AE : (반색하며) 고맙습니다.

최근 들어 메이저급이 아닌 규모가 작은 광고 기획 사무실들도 카탈로그 수주를 위해 경쟁 P/T를 거쳐야 할 만큼 광고계는 치열한 경쟁이 일상화 되고 있다. 물론 이런 상황이 어제오늘의 일은 아니지만 경쟁 P/T 없는 수의계약이 화제로 떠오를 만큼 경쟁의 구도는 과열되고 심화되는 양상이다. 1등만 인정받는 현재의 경쟁시스템은 수단과 방법을 가리지 않고 광고주 영입만 하면 된다는 결과 지상주의로 이어질 수밖에 없는데, 이는 결국 대행사와 광고주의 파트너적인 관계가 광고주가 무소불위의 권한을 갖는 새로운 구도로 변경되고 있음을 의미한다. 그러다 보면 P/T 또한 광고주의 편의에 좌지우지된 채 진행될 수밖에 없게 된다. 대행사와 광고주 사이의 불평등한 관계로 인해 발생될 수 있는 상황을 예측해 보면 다음과 같다.

첫째, 지나치게 광고주 중심적이 된다는 점이다.

대행사의 규모에 따라 제공하는 서비스의 양과 질이 다름에도 불구하고 단지 광고주 자체 기준으로 선정을 하게 될 때, 대규모 대행사와 크리에이티브 부티크가 경합을 벌이는 경우도 발생하게 된다. 실제로 모 광고주는 대행사 매출규모를 기준으로 상위, 중위, 하위 각 1개 대행사를 선정해 P/T를 치루기도 했고, 국내 상위 20개 대행사 전부에게 P/T를 참여시킨 광고주도 있었다.

둘째, 현실성 없는 광고 예산이 책정된다는 점이다.

광고주 입장에선 보다 많은 대행사의 안을 받아보고 싶은 것이 당연하다. 그러다 보니 일부 광고주는 여러 대행사의 참여를 유도하기 위해 현실성이 떨어지는 블러핑 된 광고비를 제시하기도 한다. 이럴 경우, 영입에 성공을 해도 집행 광고비는 당초 예상과는 격차가 생길 수밖에 없고 심지어 P/T에 들어간 비용도 건지지 못하게 되는 수도 있다.

셋째, 평가 기준이 지나치게 자의적이 된다는 점이다.

P/T의 진행과정이 투명치 못할 경우 여러 가지 잡음이 발생하기 마련이다. 그럼에도 회사 차원의 부가적 이해관계나 최고 경영진의 친분관계가 결정적 요소로 작용하다 보면 처음 P/T과제에 부합된 안을 제시한 대행사가 그저 사전에 내정된 대행사의 들러리로 전락하고 마는 경우가 생긴다.

안타깝게도 위와 같은 문제의 원인은 모두가 대행사 간의 지나친 경쟁과 스스로의 한계성 노출에서 비롯된 것이다. 획일적으로 평준화된 업계의 현실, 외부 아웃소싱에 대한 지나친 의존은 대행사 인적자원에 대한 광고주의 불신을 초래했고, 오직 1등을 위해 광고 외적인 힘을 추구하며 광고인으로서의 자부심을 포기한 일련의 과정들 또한 그 결과에 일조했다고 볼 수 있다.

그러나 광고인에게 있어 경쟁은 그저 현실일 뿐이다. 또 모든 경쟁이 다 불공정하지는 않다. AE에게는 경쟁 자체를 즐기려는 마인드가 있어야 한다. 어차피 할 수밖에 없는 경쟁 P/T를 AE로서 능력을 발휘할 수 있는 절호의 기회로 삼고, 당당히 성공한다면 주위의 인정은 물론 개인적으로도 발전적 성장의 토대가 될 것이다. 모피도 추운 곳에서 생산된 상품이 더 윤기 있다고 하지 않는가.

위 사례의 AE 역시 모두가 대행이 불가능하다고 여긴 광고주에게 경쟁 P/T를 제언, 결국 광고주로 영입해 업계에 큰 화제가 되었다. 소가 뒷걸음쳐서 어쩌다 쥐를 잡을 수 있지만 세 번씩이나 쥐를 잡게 되면 다음부터 그 소는 '쥐를 잡는 소'가 된다.

경쟁에서 이기기 위한 유일한 비법은 실력과 노력이다. 회사 규모, 맨 파워, 광고주와의 친분만으로는 승리를 이어갈 수 없다.

Y건설 경쟁 P/T를 하기 직전, 경쟁사 AE와 잠시 인사를 나누었다. 그런데 상대는 오랜 밤샘 작업 때문에 매우 초췌해진 모습이었다. 그런 그가 또렷한 어조로 "저희는 이번에 정말 열심히 준비 했습니다"라고 말하는 게 아닌가. 나는 난생 처음 시작도 하기 전에 패배를 예감했고, 결과 또한 예상대로였다.

31

P/T의 중심이 되어라

앞서가라, 따라오라,
그렇지 않으면
제발 길에서 비켜서라.

— CNN 회장 테드 터너(Ted Turner)

● 경쟁 P/T를 앞둔 기획방향회의

선임 AE : 아무리 생각해도 이 방향은 아니야.
실무 AE : 그런가요? 그럼 이렇게 풀면 어떨까요?
선임 AE : (잠시 검토한다) 아니야. 이쪽도 아니야.
실무 AE : 그럼 어떻게 할까요?
선임 AE : 그걸 나한테 물으면 어떡해? 네가 스터디 했으니 제일 많이 알 것 아냐?
실무 AE : 예? ……. (잠시 생각하더니 의도를 파악한 듯) 알겠습니다. 제가 마무리 짓겠습니다.
선임 AE : 그래. 난 네 결정에 따를 테니 잘 해봐. 참, 프리젠터도 네가 해라.

많은 사람들 앞에서 P/T를 하는 일은 두렵고 떨리는 일이다. 특히 대행사 경쟁 P/T는 규모가 큰 만큼 준비 과정도 힘들어 P/T 프로세스 전체에 대한 통제와 조율을 맡는 AE 입장에서는 부담이 가중될 수밖에 없다. 이런 심리적인 부담감을 회피하고픈 마음에 누구나 처음에는 뒤로 물러서고 싶기 마련이다. 그렇다고 자꾸 피하다 보면 P/T 스킬이 떨어지고 결국 스스로의 경력에 약점으로 남게 된다. 무슨 일이든 경험이 쌓이면 익숙해지는 법. 반복되는 연습과 직접 P/T를 체험하는 것이 P/T를 잘할 수 있는 가장 좋은 방법이다.

AE는 P/T의 중심이 되어야 한다. AE라는 위치는 P/T 전 과정의 흐름을 유일하게 조망할 수 있는 자리이다. 시간에 쫓기어 작업을 하다보면 기획과 제작의 방향이 어긋나기 십상이다. 이런 식으로 마무리된 광고 안은 분명 어색하고 부자연스러운 부분이 있을 수밖에 없어 결국 광고주 최종 설득에는 실패하게 된다. 따라서 가장 기본적인 기획 방향을 쥐고 있는 AE가 중심을 잡고 어긋난 부분에 대한 가지치기를 시도해야 한다. 물론 중심을 잡는 일에는 책임이 수반된다. 그러나 책임지지 않으려는 AE가 주도한 P/T가 날카로웠다는 이야기를 들은 적이 없다. 결과도 마찬가지다.

더욱이 AE는 광고주를 상대로 회사를 대표하는 위치이다. 따라서 광고주에게 P/T의 전 과정을 대표하고 있다는 인상을 각인시켜줄 필요가 있다. 간혹 크리에이티브 P/T니 전략 P/T니 하며 AE가 배제된 채 크리에이터나 AP가 광고주 전면에 나서는 경우를 보게 된다. 그러나 광고 방향이 없는 크리에이티브가 있을 리 만무하다. 전략 P/T에 광고 방향이 논의되지 않는다는 것 역시 있을 수 없는 일이다. 그럼에도 자신의 역할이 배제 당하는 것에 대해 우려할 줄 모르는 AE의 모습을 발견하게 된다. P/T에 무임승차하는 AE를 담당으로 대우해줄 광고주는 절대 존재하지 않는다. 당당하게 P/T의 전 과정을 주도함으로써 담당 AE로서의 지위를 공고히 다져야 한다.

ㅊ기획본부장에게는 P/T때마다 하는 멘트가 있다. "〈누가 나이키를 신는가?〉 제가 했습니다. 〈뽀드득〉 제가 했습니다."

이렇게 말하는 그의 광고 전문가로서의 자질에 의심을 표하는 광고주를 이제껏 본 적이 없다.

32 차별화된 P/T를 하라

차별성을 가져라.
유사하지만 더 나은 것이 아니라
의미 있는 차이를 드러내야 한다.

— 톰 피터스

● C에어컨 경쟁 P/T

프리젠터 : (일본의 사과농부가 태풍에 떨어지지 않은 사과를 '절대 떨어지지 않는 사과'라며 수험생들에게 열 배 이상의 가격으로 판매한 사실을 인용해 브랜드 가치의 중요성을 강조하는 P/T소재로 사용) 이상으로 저희가 준비한 프리젠테이션을 모두 마치겠습니다. 참, 입시 얘기가 나와서 하는 말인데요, 대학에 떨어진 학생이 재수하려면 학원에 갑니다. 근데 삼수하면 어디 가는 지 혹시 아십니까?

광고주 1 : 또 학원가지 않나요?

광고주 2 : 가긴 어딜 가 군대 가지!

프리젠터 : 맞습니다. 대부분 군대 가지요. 저희가 C에어컨 P/T에 참가한 게 벌써 세 번째입니다. 그러니까 삼수를 한 거지요. 잘 부탁드립니다.

광고주 : (웃음)

경쟁 P/T는 보통 3~5개의 대행사가 참여한다. 그 사이에서 강렬한 인상을 남기고 승리를 얻기 위해서는 다음과 같이 절대적으로 차별화된 P/T 수행능력이 필요하다.

첫째, 차별화된 기획서 작성 능력이다.

P/T 기획서에는 광고주의 고민을 해결할 수 있는 묘책이 담겨 있어야 한다. 제작물 설명에 앞선 기획 단계에서 기존 광고주의 문제점을 명확히 짚어내고 새로운 해결의 실마리를 제시해야 한다. 그럼에도 많은 기획서들이 제작물 설명을 위한 가

이드라인 수준의 저급한 기획서로 만들어지고, 심한 경우 남이 쓴 기획안을 모범답안처럼 덧칠해 쓰기도 한다. 이런 급조된 기획서에 광고주가 공감을 느낄 수 있겠는가. 만일 경쟁사 기획서가 소비자들의 구매행태와 직원들의 솔직한 의견들을 현장감 있게 담고 있다면 그 차이를 어떻게 극복해 나갈 것인가.

둘째, 차별화된 P/T 진행 소재 개발이다.

시각적 도구를 사용한 경우가 그렇지 않은 경우에 비해 설득력이 40% 이상 높아진다고 한다. 실제로 유능한 AE들은 자신만의 P/T 소재를 개발하여 P/T 전 과정을 완벽히 지배한다. 이들은 광고주 설득을 위해서라면 무엇이든 동원하는데 전문가는 물론 유명 탤런트까지 섭외해 P/T 현장에 참석시키기까지 한다. 이러한 P/T 소재의 선택은 전달하고자 하는 목적에 철저히 부합되고 광고주가 쉽게 그 의도를 느낄 수 있는 것이어야 한다.

셋째, 차별화된 설득이다.

말을 잘하는 것과 설득은 차이가 있다. 설득에는 기획과 아이디어가 담겨 있어야 한다. 뛰어난 기획서와 제작물도 프리젠터가 어떻게 다루느냐에 따라 결과는 크게 달라진다. 만약 광고주가 페미니스트로 알려진 경우라면 여성 프리젠터가 등장하고, 제품 아이템이 첨단제품일 때는 풋풋한 신입사원이 프리젠터를 맡는 것이 좀 더 효과적이다. 신뢰도를 높이기 위해 때로는 대행사 사장이 직접 프리젠터로 나서기도 한다. 그러나 가장 중요한 건 그 광고주에 대해 제일 많이 공부하고 연구한 사람이 맡아야 한다는 P/T 불변의 법칙이다. 거침없는 자신감과 해박한 전문지식, 그리고 뜨거운 열정이 담긴 프리젠터야 말로 최선의 설득 도구인 것이다.

D광고주 경쟁 P/T에서 H대행사의 경우 내용은 뛰어났으나 프리젠터의 스킬이 매끄럽지 못해 결과를 자신할 수 없었다. 그런데 결과는 H대행사의 승리였다. 나중에 알려진 바에 따르면 땀을 뻘뻘 흘리며 최선을 다해 설명하는 AE의 성실한 자세를 광고주 고위층이 높이 평가했다는 후문이다.

청산유수와 같이 유창한 연설을 끝낸 한 영국의 초선의원이 20세기 최고의 웅변가 처칠에게 의기양양하게 다가가 연설에 대한 피드백을 부탁했다.

칭찬을 받게 될 것이라는 그의 기대와는 달리 처칠은 그에게 이렇게 충고했다. "다음부터는 좀 더듬거리게." 말이 너무 매끄러우면 신뢰감이 떨어지고 자칫 경박스럽다는 인상을 줄 수 있기 때문이다.

— 「끌리는 사람은 1%가 다르다」 中

33

연습 또 연습하라

아름다웠다.
계획한 그대로였으며
연습한 그대로였다.

— 아폴로 11호 우주비행사

● C광고주 경쟁 P/T

프리젠터 : ……. 그래서 저희 OO교육진흥은…….
프리젠터 : ……. 따라서 저희 OO진흥교육은…….
프리젠터 : ……. 이것으로 OO진흥교육의 P/T를 모두 마치겠습니다. 혹시 질문 있으신 분은…….
광고주 : (화를 벌컥 내며) 아니 우리 회사 이름도 제대로 모르면서 무슨 광고를 하겠다는 겁니까?

P/T 준비는 언제나 시간과의 싸움이다. 마지막 순간까지 쫓기듯 작업하다 보면 리허설 한 번 제대로 해보지도 못하고 급박하게 P/T 현장으로 달려가야 한다. 잔뜩 긴장한 상태에서 P/T를 진행하다 보면 실수도 잦기 마련인데 그럴 경우 승리는 고사하고 그동안의 모든 고생이 수포로 돌아가게 된다. 때문에 P/T 준비과정에서 리허설은 반드시 필요하다.

P/T 현장에서 가장 빈번하게 일어나는 실수는 위 사례처럼 광고주와 광고주 제품명을 혼돈하거나 잘못 호칭하는 경우이다. 이는 프리젠터 입장에서는 가벼운 실수라고 생각할 수도 있겠지만 광고주 쪽에서는 대행사의 관심이 소홀하거나 준비가 미진한 것으로 판단할 수밖에 없는 일이다. 이는 내 이름을 잘못 부르는 사람에게 친근감을 느끼기 어려운 것과 마찬가지 경우이다.

다음으로 자주 발생하는 실수는 P/T 기자재와 관련된 부분이다. 가져간 컴퓨터가 작동이 안 되거나 CD-ROM에 데이터를 잘못 옮기는 기술적인 문제로 지켜보는 수많은 사람들의 앞에서 컴퓨터와 씨름하는 것은 매우 심각한 실수이다.

금액과 관련된 실수도 항상 주의를 요하는 부분이다. 광고주로부터 모델료나 제작비에 대한 질문을 받았을 때, 정확한 금액 대신 떠오르는 대로 답을 하는 것은 곤란하다. 실제로 AE가 성급하게 시세보다 낮게 말해버리거나 또 시안편집에 사용된 BGM이 수천만 원대의 곡인 줄도 모르고 경솔하게 제작비를 얘기했다가 나중에 수습을 못해 곤혹을 겪는 경우도 있다.

실수를 줄이기 위해서는 연습이 가장 좋은 방법이다. 그러나 바쁜 P/T 일정 속에서 리허설을 하는 일은 정말이지 쉽지가 않다. 다행히 시간이 생긴다 해도 리허설 보다는 아무래도 기획서나 제작물 검토에 마지막 에너지를 쏟기 마련이다. 그러나 베테랑 조종사도 체크리스트를 통독하기 전까지는 절대 이륙하지 않는다고 한다. 아무리 잘 만들어진 기획서와 제작물이라 해도 리허설 없이 완벽하게 광고주에게 전달될 거라 믿는 건 오만이다.

특히 광고주가 P/T에 시간 제약을 두는 경우, 리허설은 반드시 해봐야 한다. 아무리 준비를 철저히 했어도 보여줄 기회를 박탈당하면 의미가 없다. 일반적으로 광고주가 대행사에 배정하는 시간은 30분 정도. 강조할 포인트에 보다 많은 시간을 할애하고, 동선과 시간의 템포를 조절하는 것은 반복된 연습과 계산을 통해서만 가능하다. 더욱이 완벽한 P/T 시뮬레이션을 통해 현장 분위기와 유사한 상황을 경험해 보는 것은 성공을 위한 매우 효과적인 방법이다.

S대행사의 ㄱ기획 상무는 P/T 리허설이 까다롭다고 소문이 쟁쟁하다. 그의 지론은 "남들은 50% 일하고 100%를 보이는데 너희는 왜 100% 일하고 50%만 전달하려 하느냐" 이다.

34 P/T는 계속된다

만약 우리가
실패로부터 얻은 것이 있다면
그것은 곧 성공이다.

— 포브스(Forbes)지 발행인 말콤 포브스

● P/T 실패 후 광고주를 방문한 자리

> 광고주 : 오신다는 전화 받고 놀랐습니다. 고생 많이 하셨는데 죄송하게 됐네요.
>
> AE : 아닙니다. 많이 도와주셨는데 오히려 저희가 죄송하지요.
>
> 광고주 : P/T때 너무 잘하셨는데, 내부 사정이 있다 보니…….(말끝을 흐린다)
>
> AE : 충분히 이해합니다. 저도 아쉬움이 남는 P/T여서 다음번에 다시 기회를 주십사 하고 이렇게 찾아뵙게 됐습니다.
>
> 광고주 : (반색하며) 물론이지요.

경쟁은 승자와 다수의 패자로 갈리기 마련이다. 대부분의 P/T가 보통 3개社 이상의 경합이 이루어지고 P/T 외적인 부분도 작용을 하다 보니 실제 성공률은 매우 낮다. 때문에 P/T가 끝나면 승자보다 패자가 많이 양산되고, 그에 따른 후유증도 만만치가 않다. 대행사 차원에서 실패의 원인과 책임을 묻는 것은 당연하고, P/T에 참여한 팀 내부에서 불화가 일어나 심할 경우 팀 와해로 이어지기까지 한다. 이런 상황을 알고 있는 S 광고주 부사장은 "사람이 잘리고 팀이 해체되는 것을 생각하면 경쟁 P/T시키는 것이 두렵게 느껴진다" 고 말한 바 있다.

무엇보다 가장 큰 후유증은 자신감 상실이다. 이유에 관계없이 연속해서 경쟁 P/T에 패배하게 되면 누구라도 능력과 한계에 대해 심각한 회의에 빠지게 된다. 지기 위해 P/T를 하는 사람은 없다. 따라서 실패를 했을 때 현명하게 대처하는 마음가짐이 반드시 필요하다.

AE로서 P/T에 참여하는 동안 실패는 늘 따라다니기 마련이다. 그러나 실패로부터 무엇을 얼마나 배우느냐에 따라 미래의 성패는 확연히 달라진다. 베이브 루스는 714개의 홈런을 치기 위해 1,330번이나 삼진 아웃을 당했다고 한다. 경쟁 P/T에서 비록 실패를 해도 좌절하지 않고 도약의 기회로 삼아야 하는 이유는 다음과 같다.

첫째, 정치적인 이유로 P/T에 실패한 광고주의 경우 차후 영입에 성공할 가능성이 매우 높기 때문이다.

P/T 외적인 요인에 의해 승리를 따낸 대행사가 그 대행을 오래 유지하는 경우는 드물다. 광고주 실무는 실력으로 대행이 이루어진 것이 아니라는 사실을 늘 전제로 하기에 대행기간 동안 갈등이 일어날 소지가 매우 높다. 만일 그 외적인 요인이 해소되면 대행 이유도 사라지게 될 것이고, 그때 광고주 실무가 제일 먼저 찾는 대행사는 당연히 P/T때 깊은 인상을 받은 대행사가 될 것이다.

둘째, 재도전의 기회는 의외로 자주 찾아온다는 점이다.

대부분의 대행계약이 1년 단위로 체결되고, 대행 중 문제가 발생할 경우 중도 해지도 가능한 현실을 감안하면 한 번 실패했다고 해서 그 광고주를 포기할 이유가 없어진다. 더욱이 매년 P/T를 실시하는 광고주라면 실전 연습이었다고 생각하고 다음 대행을 위해 다시 준비하면 된다.

셋째, P/T 실패를 통해 광고주에게 자신의 진면목을 보여줄 수 있기 때문이다.

뛰어난 장교의 자질은 공격할 때보다 후퇴할 때 드러난다고 한다. 비록 실패했지만 인연을 맺은 광고주와 지속적으로 관계를 이어가다 보면 위 사례처럼 반드시 승리를 위한 기회를 얻게 될 것이다.

P/T에 실패한 광고주를 다시 접촉하는 일은 솔직히 심적으로 부담이 따르는 일이다. 그러나 AE로서 아쉽게 느껴지는 P/T가 있다면 해당 광고주에게 안부전화라도 한 번 해보자. 단언컨대 왜 전화했느냐고 되묻는 광고주는 한 명도 없을 것이다.

35 무조건 잘 만들라

광고주를 유지하는
가장 좋은 방법은
좋은 광고를 만드는 것이다.

— 데이비드 오길비

광고주 : 혹시 OOOOO 광고를 만든 팀입니까?

AE : 예, 그렇습니다.

광고주 : 이번 광고 너무 좋던데요. 혹시 저희 회사 광고를 맡아 주실 수 있겠습니까?

AE : 감사한 말씀이지만 동일 업종의 광고 대행은 아무래도…….

광고주 : 저희는 상관없습니다. 지금 나오는 광고가 워낙 좋다고 저희 사장님께서 지시하셨거든요.

AE : 글쎄요, 담당 광고주의 양해도 얻어야 하는 일이어서, 시간을 좀 주십시오.

광고주 : 예. 좋은 쪽으로 부탁 좀 드리겠습니다.

좋은 크리에이티브가 성공을 보장하지는 않지만 나쁜 크리에이티브는 항상 실패하는 법이다. 대행사의 경쟁력은 크리에이티브를 보면 알 수 있다. 하나의 크리에이티브에는 대행사 내 여러 전문가들의 노력과 열정이 그대로 담겨 있기에 크리에이티브는 내부자원 능력의 총합 그 자체이다. 대행사에서 광고주 개발 때 뛰어난 크리에이티브만을 선별해 보여주는 이유도 그 자체가 그들의 인적자원과 크리에이티브 수준을 대변하고 있는 까닭이다. 실제로 L대행사는 K광고주 경쟁 P/T 때 주어진 30분의 시간 중에서 절반 이상을 자사의 크리에이티브를 보여주는데 할애하며 앞으로의 제작물에 대한 광고주의 기대를 고무시킨다. 광고주 역시 불명확한 전략 차원의 이론적 비교보다는 쉽게 이해할 수 있는 실질적 표현물인 크리에이티브를 결정적 판단 기준으로 삼는다. 이 같은 현실 속에서 대행사가 차별화된 능력을 증명하기 위해선 뛰어난 크리에이티브 제작에 모든 역량을 집중시킬 수밖에 없다.

잘 만든 크리에이티브의 효과는 실로 엄청나다. 어떤 크리에이티브가 시장과 소비자들 사이에서 뜨거운 반응을 불러일으키고 이슈화 되면 대행사 입장에서는 다음과 같은 여러 가지 파급효과를 얻을 수 있다.

첫째, 신규 광고주 영입에 절대적으로 유리하다.

광고가 화제가 되면 제작을 맡은 대행사와 제작팀에 이목이 집중되기 마련이고 향후에도 성공하는 광고를 만들 것이라는 기대심도 충족시킬 수 있다. 따라서 현재의 대행사에 아쉬움을 느끼고 있는 광고주들로부터 러브콜을 받게 될 가능성이 높다. 위 사례의 경우에도 동일 업종의 4개 광고주가 대행을 요청하는 진풍경이 연출됐는데 뛰어난 크리에이티브 덕분에 신규 광고주를 영입한 사례는 이외에도 많다. 더욱이 이렇게 스스로 찾아온 광고주가 대행사를 험하게 다룰 리 있겠는가.

둘째, 대행사의 자체 경쟁력을 높일 기회가 된다.

뛰어난 크리에이티브를 만들 기회는 누구에게나 주어지지 않는다. 때문에 성공한 크리에이티브는 직접적으로 참여한 스텝과 주위의 동료들이 성공 노하우를 함께 공유하는 기회가 된다는 점에서 매우 가치 있는 일이다. 이는 결국 대행사의 경쟁력을 높이는 동인으로 이어진다.

셋째, 광고주 관리에 틈을 보이지 않게 된다.

잘 만든 크리에이티브는 대행사와 제작팀의 능력을 대외적으로 인정받은 것이다. 따라서 광고주가 불만을 제기할 가능성은 매우 낮아지게 된다. 또 지금 광고보다 더 잘 만들 자신이 없다고 판단한 다른 대행사로서는 그 광고주를 개발 대상 리스트에서 아예 지울 수밖에 없다.

성공 광고 캠페인 대표사례로도 거론될 만큼 매번 뛰어난 크리에이티브를 선보이는 P광고주가 내부사정에 의해 대행사 교체를 검토하자, P/T 참여 통보를 받은 대행사들은 광고주의 정확한 속내를 파악 못해 결정을 미루거나 들러리를 우려해 불참을 통보했다고 한다.

36 항상 준비를 철저히 하라

간단한 일을 잘 하는 것은 절대 간단하지 않다.
또 평범한 일을 잘하는 것 역시 절대 평범하지 않다.

— 하이얼 CEO 장루이민

● 대행사내 제작회의 A

AE : 시간 없으니 그냥 알아서 만들어 주세요.
제작 : 알아서 만들라니요? 우리가 무슨 공장이에요? 적어도 브리프 한 장이라도 있어야 하잖아요!
AE : 궁금한 거 있으면 나한테 물어봐요. 다 얘기해 줄 테니까.
제작 : 됐어요!

● 대행사내 제작회의 B

AE : 시간이 없어서 제가 생각한 것 좀 적어봤습니다.
제작 : (두툼한 브리프 두께를 보며) 뭐가 이리 많아요?
AE : 궁금한 게 많으실 것 같아서요. 참조하세요.
제작 : (AE의 브리핑을 듣고 나서) 정말 부담 팍팍 주시네요. 자, 시간도 없는데 바로 시작하겠습니다.

AE 입장에서 대행사 내부 제작팀과의 회의는 광고주와의 회의에 비해 아무래도 긴장감이 떨어지기 마련이다. 회사 내부라는 분위기의 익숙함도 그렇고 제작팀 역시 동료이기에 격식이나 형식을 따지지 않아도 된다는 편안함이 주는 방심 차원에서도 그렇다. 그러나 제작팀 역시 AE 못지않게 늘 시간에 쫓기는 바쁜 사람들이다. AE가 주요 광고주에게 시간과 관심을 집중하듯 제작팀도 업무의 난이도와 중요도를 스스로 판단하여 순차적으로 처리하게 된다. 이런 판단은 광고주의 성향이나 환경도 고려되겠지만, 경험상으로 볼 때, AE들의 태도가 더 큰 영향력을 발휘하는 게 사실이다.

제작팀은 대행사 내에서 여러 AE들과 호흡을 맞추는 동안 그들의 장단점을 속속들이 파악하게 된다.

사실 제작회의에 반드시 필요한 크리에이티브 브리프 하나만 봐도 쉽게 그 AE의 자질을 알 수 있다. 위 사례에서처럼 자신의 몫인 광고제작 방향에 대한 고민까지도 제작팀에게 떠넘기는 AE와 크리에이티브 아이디어까지 제시하며 광고방향을 좁혀주는 AE를 대하는 제작팀의 태도가 같기를 바랄 수는 없는 일이다. 담당 AE가 성의가 없는데 그가 가져온 일을 깊이 생각해 줄 제작팀이 있을 수 있겠는가.

제작회의에서 AE가 크리에이티브 브리프를 철저히 준비하는 것도 필요하지만 광고제작 전 과정에 관심과 열의를 보이는 것 또한 매우 중요하다. 한두 번 제작회의를 성공적으로 이끌었다 해서 그것만으로 AE의 역할을 다했다고 이해하는 건 곤란하다. 오히려 제작회의를 끝낸 이후 AE의 태도가 광고의 성패를 좌우한다고 해도 과언이 아니다.

제작팀과 커뮤니케이션 에러가 발생하는 것은 AE와 제작팀 모두에게 치명적인 일이다. 안 그래도 촉박한 제작일정 속에서 같은 일을 재차 반복해야 한다는 부담은 물론이고, 그 원인을 찾는 과정에서 인간적인 갈등으로 이어질 공산도 크다. 예를 들어 AE의 입장에서는 크리에이티브 브리프 글자 그대로의 해석을 요구하고, 제작팀은 크리에이티브 시각에서 재해석하는 식의 문제가 발생할 소지가 높을 수 있다.

따라서 AE는 제작 모든 과정에 열정을 담아야 한다. 제작팀과 그 진행과정을 공유하고, 크리에이티브 개발에 도움이 될 만한 자료를 끊임없이 제공해야 한다. 이런 AE에게 브리프와 전혀 다른 크리에이티브 안이 나올 가능성은 당연히 제로이다.

이탈리아 출신 거장 루키노 비스콘티 감독은 영화 속에 보석함이 나오면 설령 배우가 그것을 열어보는 장면이 없다 할지라도 값비싼 보석으로 가득 채워놓아야 직성이 풀렸다고 한다.

37 만장일치는 있을 수 없다

성공에 이르지 못하는 데는
여러 가지 이유가 있지만,
위험과 모험을 피하고 부딪치지 않는 태도가
그 첫 번째 이유에 해당된다.

— 벤자민 프랭크린

● L쇼핑몰 제작회의

AE : 어떻게 좋은 안 좀 나왔어요?
제작 : 끝내주는 안이 나왔습니다. 자 보세요! 기막히지 않습니까?
AE : (표정이 일그러지며) 지금 이게 좋다는 거예요?
제작 : 왜요? '애들은 가라!' 콘셉트 확실하고 반전 흥미롭고…….
AE : 아니 광고주가 무슨 뱀 장수도 아니고, 또 쇼핑몰엔 애들이 와야지.
제작 : 에이 참, 크리에이티브를 통 이해 못하시네.
AE : (언성을 높이며) 뭐요? 이런 수준 미달의 크리에이티브를 뭘 어떻게 이해하란 말이야!
제작 : 뭐야! 지금 말 다했어?
(이후 분위기 험악해짐)

회의의 목적은 다양한 의견 속에서 가장 바람직한 결론을 도출해내는 데 있다. 대행사의 회의 문화는 그저 지시 일변도가 아닌, 각 영역의 전문가들이 한 주제를 분산된 방식으로 풀어가는 형식이라는 점에서 어느 회의 시스템보다 좋은 결과가 나올 가능성이 높다. 물론 그러기 위해선 회의 참석자들의 자질과 회의를 진행하는 스킬이 일정 수준 이상 보장되어야 한다.

일반적으로 자기주장이 강한 제작팀과 광고주와의 이해관계를 따를 수밖에 없는 기획팀 간의 회의는 트러블이 발생할 소지가 높다. 기획 방향과 크리에이티브에 대한 활발한 논의는 대행사가 살아있음을 나타내는 척도이다. 또 견해차를 좁

히고 논리를 세우는데도 크게 도움이 된다. 문제는 위의 사례에서도 볼 수 있듯이 미숙한 진행과 논쟁의 수준을 넘어선 감정대립이다.

P&G의 회의 문화는 누구 의견이 맞느냐가 보다 무엇이 맞느냐에 초점을 두고 진행된다고 한다. 불필요한 갈등을 예방하고 합당한 결론을 유도해 내기 위해선 개인의 의견보다는 사실과 논리에 권위와 비중을 두어야 한다. 이런 대원칙을 전제로 AE들이 제작회의 시간에 지켜야 할 요령을 전하면 다음과 같다.

첫째, 개인감정을 다치게 하면 안 된다. 논쟁이 심해지면 의도적이 아니어도 상대의 자존심을 건드리게 된다.

상대는 손상된 자존심을 만회하기 위해 주제에서 벗어나 상처를 입힌 상대의 흠을 잡는데 열을 올리게 될 수밖에 없다. 이 같은 최악의 상황을 방지하기 위해서는 상대가 아닌 상대의 의견에 반대를 하는 것이라는 사실을 주지시킬 필요가 있다. 위 사례 속 두 사람은 감정이 상한 나머지 거의 난투극 직전까지 갔다.

둘째, AE가 미리 답을 제시하지 말아야 한다.

AE가 광고주의 뜻과 일치함을 내세워 일방적으로 결론을 유도하는 것처럼 비춰져서는 안 된다. 그럴 경우 누구도 이견을 제시해 문제를 만들고자 하지 않는다. 결정을 당한 사람은 결정을 내린 사람보다 서둘러 그 일에서 벗어나는 법이다.

셋째, 회의의 독주를 용납해서는 안 된다.

바람직한 결론을 이끌어내기 위해선 어느 한 사람이 회의를 주도하게 해서는 곤란하다. 주장이 강한 사람일수록 제 의견을 관철시키기 위해 같은 주장을 되풀이하기 마련이다. 따라서 회의 참석자들이 제시한 모든 의견들을 공개적으로 기록해 가며 진행한다면 불필요한 중언을 막을 수 있고 흐름을 함께 공감할 수 있어 합의 도출도 수월해진다.

넷째, 특정인을 편드는 인상을 주면 안 된다. 최종안 결정을 위해 AE의 의견을 제시할 때는 특히 신중해질 필요가 있다. 만약 크리에이티브 개발자와의 친분이나 지위가 고려되거나 AE의 취향에 따라 안이 결정되는 것처럼 제작팀이 느끼게 되면 앞으로 그들의 개인적인 열의는 기대할 수 없게 될지도 모른다.

필자는 크리에이티브 안을 선택할 기회 앞에 서게 되면 제작팀 내부에서 가장 많은 추천을 받은 시안 하나는 반드시 선택을 한다. 혹여 그들의 감각을 충분히 이해하지 못했을지도 모른다는 우려에서 시작한 것이지만 지금까지 이런 선택을 한 번도 후회해본 적이 없다.

38 열정에 불을 지펴라

내일 아침 당장 자신이
교수형에 처해진다는 사실을 알았을 때만큼
사람의 마음을 강하게 집중시키는 것은 없다.

— 새뮤얼 존슨

● H약품 제작회의

AE : 모델은 이번에도 신OO입니다.

제작 : 아니, 모델 교체 안 해요?

AE : 광고주가 그렇게 결정했어요. 그리고 콘셉트도 전편과 동일합니다.

제작 : 모델과 콘셉트가 같은데 전편과 어떻게 차이를 두라는 건지……. (못마땅)

AE : 참, 제품 타깃은 십대와 이십대로 설정했어요.

제작 : 내참, 십대와 이십대의 라이프스타일이 전혀 다른데 무슨 수로 동시에 충족을 시킵니까?

AE : 미안해요. 근데 제품 기능도 잘 나타내야 하는 거 아시죠? 약방에서 감초냄새 나듯.

제작 : 지금 크리에이티브 하는 거 맞아요? 꼭 수학 공식 푸는 거 같아서 원.

AE : 나도 알죠. 하지만 광고주가 그리 원하니 어쩌겠어요?

독일 심리학자 링겔만은 집단 속 개인의 공헌도를 측정하기 위해 줄다리기를 모티브로 실험을 했다. 이른바 링겔만의 법칙인데 1:1 시합에서 한 명이 내는 힘과 비교해 참가자의 수가 늘 때마다 개인이 내는 힘의 정도를 측정해 보았다. 그런데 결과는 놀랍게도 참가자의 수가 늘수록 개인이 내는 힘은 현격히 낮아지는 것으로 나타났다.

개인주의가 강한 대행사에서도 더 개인적인 성향이 강한 제작팀을 핸들링하는 일은 결코 쉽지가 않다. 빌 번버크는 “크리에이티브는 어떤 부서가 아니다"라고 말했고, 모 광고계 인사 역시 "창작을 하는 사람들은 돈이나 승진을 위해 일하지 않는다. 그들의 목표는 인정받는 데 있다"며 제작팀에 대한 동기 부여의 중요성을 일깨운 바 있다. 때문에 경험이 적은 AE 입장에서는 광고주를 관리하는 일보다 제작팀과 호흡 맞추는 일이 더 어렵게 느껴질 수도 있다.

크리에이티브는 제작팀의 열의가 어느 정도이냐에 따라 결과에 엄청난 차이가 나타난다. 그러나 제작팀의 열의를 살릴 수 있는 방법이 따로 명시돼 있는 것도 아니어서 AE들에게는 늘 난감한 과제이다. 복싱 코치들은 "링 안에는 눈에 보이지 않는 엄청난 돈다발이 묻혀 있다"고 지친 선수들을 자극시킨다고 한다. 제작현장에서는 AE가 코치 역을 맡아야 한다. 확실히 효과가 있었던 노하우를 공개하면 다음과 같다.

첫째, 제작의 전문성을 먼저 인정해야 한다.

크리에이티브 영역에서는 제작과 경쟁해서는 안 된다. 미적 감각과 글 쓰는 능력에 대해서만큼은 그들이 전문가이다. 광고주 핑계를 대며 어설픈 안목으로 AE가 단어 몇 자, 그림 몇 개를 바꾸게 될 때, 그들의 자존심은 심하게 손상될 수밖에 없다. 감정이 상해버린 그들에게 자발적인 열의를 기대하는 것은 당연히 무리이다.

둘째, AE가 먼저 열의를 보여야 한다.

제작이 AE에게 가장 아쉽게 생각하는 부분이 바로 AE가 신경을 쓰면 해결이 가능한 일인데 시도조차 해주지 않는다는 점이다. 제작에서 더 나은 크리에이티브를 위해 시간, 예산, 광고 내용과 관련된 변경사항을 요청했을 때 사실 대부분의 AE들이 광고주 설득하는 일이 귀찮아 고집스럽게 원안을 고수하는 경우가 많다. 제작을 몰입하게 만드는 일은 AE의 협조와 밀접한 상관관계가 있음을 잊지 말아야 한다.

셋째, 제작이 자신의 일로 여기게끔 만들어야 한다.

AE가 담당한 광고주를 제작이 자신의 광고주라 생각하게 만들 때의 효과는 실로 대단한 위력을 발휘한다. 남다른 애착과 정성이 들어간 크리에이티브는 눈에 띄게 좋아지기 마련이다. 이를 위해선 제작이 광고주에게 호감을 갖도록 AE가 보이지 않은 노력을 기울여야 한다. 예를 들어 광고주와의 회식자리에 자연스레 동석을 시키고, 광고주가 직접적으로 고마움을 표시할 기회를 만들어 주고, 광고 반응이 좋다는 사실을 널리 알려 제작팀이 광고주로부터 인정을 받고 있음을 느끼도록 분위기를 만들어 주는 것이다. 성공을 나누는데 마다할 사람은 아무도 없다.

광고 현장에서 체험한 사례인데, AE가 제작에게 가장 자극을 주었던 한 마디는 "당신만 믿는다" 였고, 반대로 그들을 심하게 좌절시킨 말은 "시키면 시키는 대로 하라" 였다.

어떤 사람에게 자갈밭의 소유권을 부여해보라.

그는 곧 그곳을 정원으로 바꾸어놓을 것이다.

같은 사람에게 그 정원을 9년간 임대해 보라.

그는 그곳을 사막으로 바꿔놓을 것이다.

소유권이라는 마력은 모래를 황금으로 변화시킨다.

— 아서 영의 「여행기」(1787) 中

39

원칙과 타협하지 마라

나는 결코 변한 적이 없다.
오로지 大道의 중간을 걸어왔을 뿐이다.
단지 그 길이 왔다 갔다 했을 뿐이다.

— 동경대 총장 하야시 겐타로

● S협회 광고 제작회의

AE : 아무래도 이건 아닌 거 같은데…….

제작 : 좋은데 왜 그래? 크리에이티브적이라고 본부장님도 무지 기대하고 계셔.

AE : 보험사 광고에 사자가 나오는 것도 그렇고, 광고비가 적어 이렇게 시리즈로 못해요. 그리고 경쟁 P/T인데 기획 방향하고도 안 맞잖아요.

제작 : (난처해하며) 듣고 보니 그렇긴 하네. 하지만 이거 드랍시키면 곤란해. 나 찍힌단 말이야. 별다른 대안도 없는데 그냥 가져가면 안 되겠어?

AE : 글쎄요, (망설이다가) 할 수 없죠 뭐.

광고주에게 최종적으로 제시할 크리에이티브 안을 결정하는데 있어서 AE가 원칙을 지키는 일은 매우 중요하다. 합리적이고 객관적인 배경에서 최종안을 선택했다는 사실을 제작에게 납득시킬 수 있어야 하기 때문이다. 따라서 최종안 선택의 중요한 판단 근거는 당초 합의된 기획 방향과 제작물의 일치 여부에 우선순위를 두고 정해져야 한다.

만약 AE가 결정의 순간에 중심을 잡지 못하고 원칙 없이 흔들리면 제작팀으로부터의 거센 비난을 피할 길이 없다. 더욱이 기획 방향마저 제작팀에게 일임해버린 무소신 AE라면 불신의 벽은 더한층 두터울 것이다. 이런 AE는 어쩔 수 없이 제작이 선택해 준 안을 들고 광고주에게 가거나, 아예 준비된 모든 안을 배달하는 것이 할 수 있는 일의 전부다. 그렇다 해도 본인이 선택한 안이 아니기에 자신 있게 소개하기도 어렵고, 또 방향이 다른 다양한 제작물들의 콘셉트를 설명할 길도 없다.

그런데 이와는 다르게 AE가 소신을 갖고 크리에이티브 선택에 임해도 운 나쁘게 대행사 내부의 이해관계에 휘말리게 될 경우, 생각지도 못한 난감한 상황에 놓이게 될 수도 있다. 따라서 모든 상황에 대한 냉철한 판단이 필요하다.

AE는 광고주에게 최종안을 제시할 때, 반드시 대행사에서 가장 우수한 제작물이라는 점을 인식시켜야 한다. 그러기 위해선 정해진 원칙이 결코 다음과 같은 타협의 대상이 되어서는 안 된다.

첫째, 간혹 대행사 내부 사정에 의해 제작 담당이 교체되거나 경력이 부족한 신입제작으로 변경되는 경우가 있다.

편의를 봐준다는 명목 하에 AE의 묵인이 따를 경우 크리에이티브의 질적 하락은 불가피하다.

둘째, 광고 안을 결정하는데 있어 동료나 상사와의 트러블을 피하고자 소극적으로 임하는 경우가 있다.

남들이 선호하는 안에 쉽게 동의하거나 논쟁이 예상되는 시안을 먼저 피하는 AE들이 있는데, 경험적으로 대행사 내에서 평판 좋은 AE가 광고주에게도 인기 있는 경우는 별로 없다.

셋째, 크리에이티브가 개인의 명성을 위한 도구로 전락하는 것을 경계해야 한다.

창의적인 일을 하는 사람들은 결과보다는 자신의 창의성을 인정받는 것에 더 큰 관심을 가질 위험이 있기 때문이다.

미켈란젤로의 뛰어난 조각품을 보고 어떤 사람이 물었다. "보잘 것 없는 돌로 어떻게 이런 훌륭한 조각을 만들어낼 수 있습니까?" 미켈란젤로는 이렇게 말했다. "그 형상은 처음부터 화강암 속에 있었죠. 나는 단지 필요 없는 부분들만 깎아냈을 뿐입니다."

40

교정 볼 때 긴장하라

나무 한 그루를 베는데 8시간이 주어진다면
나는 도끼날을 가는데 6시간을 쓰겠다.

— 에이브러햄 링컨

광고주 : 오늘 신문광고 보셨어요?

AE : 그럼요. 잘 나왔죠?

광고주 : 정말 잘 나왔다고 생각하십니까?

AE : (의아해진다.) 예?

광고주 : 우리 회사 이름이 언제 바뀌었습니까?

AE : 무슨 말씀이신지…….

광고주 : (언성을 높인다) 아직도 모르시겠어요? 회사 이름이 잘 못 나왔지 않습니까? 차례 第와 아우弟도 구별 못합니까? 지금 회사가 난리에요. 암튼 우린 이번 광고 돈 못주니 그런 줄 아세요.

AE : ……. (유구무언)

대행사 내에서 AE가 크리에이티브와 관련해서 직접적으로 책임을 지거나 문책을 당하는 일은 없다. 제작 일이 카피라이터나 그래픽 디자이너와 같은 전문 크리에이터들에 의해 이루어지다 보니 문제가 발생하게 되면 자연스레 제작의 몫으로 귀결되기 때문이다.

그런데 유일하게 AE의 책임으로 귀착되는 업무가 바로 최종 원고 교정에 관한 부분이다. 교정사고는 AE의 부주의함을 명백히 드러내는 실수이기에 변명의 여지가 있을 수 없다. 따라서 심각한 교정사고가 발생했을 때 AE는 매우 난감한 상황에 놓일 수밖에 없다. 교정사고 후 심적 부담감 때문에 회사를 그만 둔 AE도 있다. 일례로 S전자 광고에 대리점 명단이 잘못

기재되는 교정사고가 발생해 대리점들의 항의를 받게 되자 광고주는 대행사에 담당 AE의 강력한 징계를 요청했다고 한다.

하나의 광고물이 나오기까지는 보통 열 명 이상의 손을 거치게 된다. 그럼에도 교정사고가 일어나는 이유는 무엇일까. 교정사고를 당한 AE들의 이야기를 들어보면 한 결 같이 본인 외에 누군가가 교정을 봤을 거라 생각했다고 한다. 원인은 바로 여기에 있다. 원고가 여러 사람들 손을 거치는 것은 사실이나 누구도 교정에 대해서는 주의를 기울이지 않는다. 다들 AE에게 최종 교정의 책임이 있다는 것을 잘 알고 있기 때문이다. 따라서 AE가 주의를 기울이지 않는 한 사고 발생은 당연한 일이 될 수밖에 없다. 그렇다고 바쁜 AE가 교정업무에만 매달릴 수는 없는 일. 효율적인 교정법을 소개하면 다음과 같다.

첫째, 교정에 다수의 인원을 참여시킨다.

능률 없이 혼자서 몇 번씩 보는 것보다 둘이서 보게 되면 실수는 절반으로 줄게 된다. 참여 인원이 늘어날 경우 확률은 더 낮아진다. 이때 이해관계가 없는 다른 팀 AE에게 부탁하면 더욱 효과적이다.

둘째, 글자만 보지 말고 내용을 파악한다.

가장 많이 일어나는 실수가 문맥을 보지 않고 글자 교정만 보는 경우에 발생한다. 소비자의 입장에서 내용을 이해하며 교정을 보게 되면 광고주의 실수마저도 발견할 수 있다.

셋째, 광고주 컨펌을 반드시 받아야 한다.

광고주가 교정에 대해 최종 컨펌을 하게 되면 사고 발생 때 AE의 단독 책임을 모면할 수 있고, 이해당사자인 광고주와 공동으로 해답을 모색할 수 있게 된다.

4

자존심을 건들지 마라

창의력이란 연약하고 예민한 꽃과 같아서
칭찬을 받으면 잘 피지만,
실망을 하게 되면 꽃 봉우리 채로 쓰러지기 싫다.

— 필립 코틀러

● H광고주 제작미팅

AE : 이번 TV광고 촬영장에 제작팀에서는 누가 가나요?
제작 : (시큰둥하게) 아니 그걸 왜 우리한테 물어봅니까?
AE : 무슨 말이 그래요? 우리 팀 광고주잖아요.
제작 : 일을 해야 광고주죠. 이번 TV광고도 일본 스텝에게 맡겨서 잘 나왔다면서요? 인쇄도 그쪽에 맡기지 그래요!
AE : 에이 그쪽은 TV만이고 인쇄는 우리가 해야죠.
제작 : 우리? 우린 뭐 허드렛일만 하는 덴 줄 알아요? 다른 광고주 일도 많아 바쁘니까 그쪽 팀은 우리보다 더 잘 하는데 골라서 쓰세요.
AE : 도대체 왜 이래요?
제작 : 왜 그런지는 그쪽이 더 잘 알거 아닙니까?

광고계의 거장 레오 버넷은 능률에 관심을 쏟는 나머지 크리에이티브한 사고와 충동을 남에게 맡기거나 남에 의해 관리될 수 있다는 생각을 갖게 될 때 광고계를 떠나라고 했다. 스스로의 능력을 계발하고 발전시켜 나갈 줄 모르는 크리에이터라면 더 이상 크리에이터로서의 자격이 없음을 일깨워주는 얘기다. 이처럼 크리에이터의 존재감은 창의성과 자존심으로 대변된다.

그런데 최근 대행사 간의 과열경쟁으로 새로운 크리에이티브에 대한 요구가 증대됨에 따라 제작팀을 상대로 사내경쟁을 시키거나 아웃소싱을 의뢰하는 민감한 경우가 늘고 있는 추세이다. 대행사와 광고주 입장에서는 신선하고 차별화된 제작물을 받아볼 수 있다는 점에서 효율적이라는 계산도 할 수 있는 일이지만 크리에이티브를 단순히 효율성이라는 잣대로만 판단하기에는 여러 가지 걸리는 점이 많은 것도 사실이다.

먼저 아웃소싱이 넘치는 업무량에 대한 대안으로 이용되던 과거의 예와는 달리 크리에이티브 문제를 해결하는 대책으로 활용된다는 점에서 기존 제작팀과의 마찰이 불가피해졌다. 아웃소싱업체와의 경쟁을 통해 자존심에 심각한 타격을 받은 내부 제작팀으로선 일에 대한 열의나 기획팀과의 관계가 예전 같을 수가 없다. 감정적 배신감이 심할 경우 상황은 최악으로 발전하게 되는데, 위 사례에서도 담당 AE가 제작의 크리에이티브에 불만을 품고 강력히 아웃소싱을 주장한 것이 밝혀지자 내부 제작팀 전원이 AE의 모든 업무에 대해 보이콧을 했고, 해결점을 찾지 못한 AE는 결국 회사를 그만 두었다고 한다.

그런데 이와는 반대로 아웃소싱에 대한 지나친 의존으로 인해 발생하는 폐단도 있어 아이러니다. D대행사는 경쟁 P/T가 있게 되면 서너 개의 아웃소싱 업체를 불러 숙식을 함께 하며 작업을 한다고 알려져 있다. 이러한 방식은 우수한 제작물을 다양하게 기대할 수 있다는 점에서 효과를 얻을지는 모르나 제작팀이 본연의 업무 보다는 아웃소싱업체를 관리 감독하는 기능으로 전환될 수 있다는 점에서 경계를 요하는 부분이다. 크리에이티브 능력은 사용을 게을리 하면 금세 무뎌지고 녹슬게 된다.

아웃소싱의 남용은 광고주 관리에서도 문제를 발생시킬 수 있다. 광고주가 아웃소싱으로 제작된 광고물에 만족할 경우, 당연히 동일 수준의 크리에이티브를 요구하게 될 것이다. 아웃소싱에 대한 비용은 전적으로 대행사 몫인 현실에서 이런 상황이 지속될 때 금전적 문제가 생길 수밖에 없다. 그러나 보다 심각한 문제는 광고주의 내부 제작팀에 대한 불신이 언제든지 대행사에 대한 불리한 허점으로 지적되어질 수 있다는 사실이다.

따라서 아웃소싱은 반드시 제작팀의 자발적인 동의를 전제로 원칙과 기준을 세운 뒤에 제한적으로 이루어지는 것이 바람직하다. 제작팀 스스로 최선을 다했음에도 아웃소싱이 필요하다면 긍정적인 수단이 되겠지만, 기존 제작팀에 대한 견제의 수단으로 이용하는 것은 해결하기 힘든 갈등과 후유증을 낳을 뿐이다.

"토끼를 잡으려면 귀를 잡아야 하고, 고양이를 잡으려면 목덜미를 잡고, 사람을 잡으려면 마음을 잡아야 한다"는 말이 있다. 제작팀과 끈끈한 유대관계를 맺고 있는 AE들은 기본적으로 그들과 인간적인 유대에 기반을 두고 있다. 불만족스러운 제작물일지라도 성의 있게 다뤄주고, 밤샘하는 제작팀에게 커피 한 잔, 따뜻한 말 한 마디 잊지 않는 동료로서의 배려가 최상의 크리에이티브를 얻을 수 있는 지름길이다.

42 해결사를 자처하라

모든 책임은 내가 진다.

— 헨리 트루먼

● J화재 촬영현장

제작 : 큰일 났어요!

AE : 무슨 일이에요?

제작 : 촬영 모델인 개(잉글리쉬 쉽독)가 조명이 뜨겁다고 발톱으로 수입차 선루프를 엉망으로 만들어놨어요. 견적이 장난 아닐 텐데 어떡하죠?

AE : 일단 가서 봐야겠어요.

(현장 상황을 확인한다.)

제작 : 이 컨버터블 국내에 몇 대밖에 없는 거라는데, 선루프만 간다 해도 금액이 만만치 않을 거예요.

AE : (차주를 향해) 죄송합니다. 제가 제작팀을 대표해서 사과드리겠습니다. 빠른 시일 내에 깨끗이 수리해 드리겠습니다.

차주 : 그래요. 기획 분만 믿겠습니다.

AE : 그럼요, 걱정 마세요.(그러나 속은 걱정으로 타들어간다.)

실제 제작현장은 언제나 예기치 못한 사건 사고의 연속이다. 대행사 직원과 외부 스텝까지 많은 인원들이 참여하게 되는지라 갑작스런 사고는 생각보다 자주 발생한다. 때문에 광고를 제작하는 현장을 지키고 있다 보면 '다리를 놓는 사람보다 벽을 만드는 사람이 더 많다'는 옛말이 떠오르곤 한다.

그런데 누군가 위 사례처럼 '제작 현장에서 발생한 사건 사고도 AE가 책임을 져야 하는가?'라는 질문을 던진다면 과연 어떤 답이 정답이 될까. AE가 무한 책임을 지는 자리도 아니고, 문제를 일으킨 당사자가 존재하는 상황에서 굳이 해결자로 나설 필요가 있는 것일까.

위 사례는 다행히도 원만히 해결되었다. 2억 원에 이르는 고가의 차량인지라 모든 스텝들이 당황해 어찌할 바를 모르는 상황에서 담당 AE는 일단 광고주를 찾았다. 가해자인 개의 주인이 마침 광고주의 지인이었기 때문이다. AE는 평소 친하게 지내던 광고주에게 수리비가 천만 원이 넘는 피해사실을 얘기하고 가해자인 개에게 책임을 물을 수밖에 없는 난감한 상황을 설명했다. 물론 분위기는 전혀 심각하지 않았고, 보상을 위해선 개를 팔수밖에 없는 처지라는 AE의 감각적인 협상력에 광고주는 제작비에서 보상액만큼 진행비를 인상해주는 해결안을 제시해 주었다. AE는 바로 수리비에 대한 네고를 시도, 오백만 원으로 금액을 낮추어 광고주에 대한 부담도 경감시켜 주었다.

AE는 제작 현장에서도 능숙하게 사건 사고를 처리할 수 있는 다음과 같은 조건을 가지고 있다.

첫째, 제작 과정 전체의 흐름을 파악할 수 있다.

세분화된 영역의 전문가들이 모여 진행하는 현장이니만큼 전체를 아우르고 조정하는 일은 AE의 몫이 될 수밖에 없다.

둘째, 광고주의 도움을 이끌어낼 수 있다.

대행사 내부 자원만으로 풀 수 없는 문제가 생겼을 때 해당 광고주의 양해를 구하고 도움을 청할 수 있는 사람은 역시 AE이다.

셋째, 대행사 내부의 자원을 적절히 활용할 수 있다.

문제 해결을 위해 경리, 인사, 총무, 제작 지원 등 내부 인력의 협조를 이끌어낼 수 있는 유일한 사람이다.

넷째, 문제 해결에 이미 충분한 경험을 가지고 있다.

AE는 광고주 관리에 대한 사건 사고를 해결해 본 경험과 스킬이 풍부하고 위기 대처 능력에 있어서도 잘 훈련이 되어 있다.

이런 전제조건 하에서 문제 해결의 적임자는 AE가 될 수밖에 없다. 그리고 문제 해결 능력이 뛰어난 AE가 그 능력에 대한 보답을 받는 것은 당연한 수순이다. 또한 그런 경우를 수도 없이 보아왔다.

43 어학능력은 필수이다

당신에게 피해를 입히는 것은
당신이 아는 것이 아니라 모르는 것이다.

—「마켓리더의 전략」 中

● 일본 촬영 현장

제작 A : 일본에 온지 삼일이 되니 오른쪽으로 운전하는 것이 익숙해졌어요.

제작 B : 맞아, 첫날엔 무지 헤맸는데, 둘째 날 되니까 추월도 하고 클랙슨도 울리게 되더라고.

AE : 다들 일어 한 마디 못 하면서 잘도 다니네.

(몇 시간 지난 후)

제작 A : 혹시 일어 좀 하세요? 주유소에서 기름 넣으려다 그냥 왔어요.

AE : 그래? 근데 현지 코디는 어디 가고 안 보이는 거야? 잠깐 호텔 주인이 영어를 하니까 물어보면 될 것 같은데. (호텔 주인을 만나서) Could you tell me what's the meaning of fill her up in Japanese?

호텔주인 : 만땅! 이빠이! ……. 오케이?

IMF 이후 국내 기업이 외국계로 인수되거나 외국에서 직접 진출한 기업, 그리고 해외로 진출하려는 국내 기업의 요구에 따라 국내 광고 시장의 글로벌화가 빠르게 진행되고 있다. 실제로 상위 대행사 대부분이 외국계로 인수되거나 지분 참여 형태로 운영되고 있고, 광고주 역시 국내 순수 광고주와 세계 굴지의 글로벌 광고주를 동시에 보유하고 있다.

이러한 현실에서 AE의 어학능력은 필수 자질로 인정될 수밖에 없고 해외 연수나 출장의 선별 기준으로도 작용하게 된다. 따라서 업무 능력이 매우 탁월하다 해도 외국어 구사가 취약한 AE라면 대행사 입장에선 실제 업무 능력의 절반밖에 활용할 수 없는 한계에 직면하게 된다.

필자 역시 신입사원이나 팀원을 선발할 경우, 이왕이면 외국어에 능한 직원을 선호하게 된다. 유학 경험이 없다 해도 우수한 외국어 능력은 지원자의 실력과 성실성을 대변하는 척도이기 때문이다. 이 판단 기준은 거의 모든 경우에 옳았다.

이렇게 외국어에 능한 AE를 선발하다 보니 팀은 자연스레 불어, 일어, 영어, 중국어 구사가 가능한 팀으로 구성되었는데 결과적으로 담당 광고주에게 외국 관련 자료를 꾸준히 제공할 수 있었고 광고주의 인정을 받는데 큰 도움이 되었다.

이제 AE에게 있어 외국어 능력은 필수이다. 국내 광고주 담당이라 할지라도 글로벌화가 대세임을 감안할 때 어학능력이 취약한 AE의 입지는 점점 좁아질 수밖에 없다. 더욱이 광고주 영입에 있어서도 어학능력은 매우 중요한 평가요소로 자리 잡는 추세이다.

외국 자본에 인수된 D자동차 광고를 수주하기 위한 경쟁 P/T에 K대행사가 참가했는데 외국인 마케팅 임원이 P/T 진행을 영어로 해줄 것을 요구했다고 한다. 이에 영어가 가능한 직원 위주로 TFT를 구성해 P/T를 진행하게 되었는데 우연찮게도 기획, 제작, 매체를 담당한 프리젠터가 각각 본인들이 유학

했던 미국, 호주, 영국의 악센트로 발표를 하게 되었다. 평가자들은 이런 맨 파워를 가진 회사라면 광고를 맡길 만한 충분한 가치가 있다고 판단, P/T 여건이 경쟁사 중에서 가정 불리했음에도 프리젠터들의 뛰어난 활약을 인정해 담당 대행사로 선정했다고 한다.

44 문화적 소양을 쌓아라

인간의 행동을 예측하기 위해서
광고인은 여러 가지 학문의 집합체인
인류학을 공부해야 한다.

— 제임스 웹영(J. W. Young)

광고주 : 저 죄송하지만, 저희 사장님 좀 만나주셔야 할 것 같습니다.

AE : 왜 무슨 일 있습니까?

광고주 : 전에 말씀드렸던 사내 의식개혁 포스터 때문인데 제가 사장님 의중을 잘 모르겠어요.

AE : 사장님께서 어떤 말씀을 하셨는데요?

광고주 : 뭐 조직, 유기체 그런 말씀을 하시는데 무슨 말인지 이해가 안 되네요. 저희 사장님 워낙 박식하시잖아요.

AE : 혹 조직은 유기체니까 끊임없는 변화가 필요하다는 그런 뜻 아닌가요?

광고주 : 잘은 몰라도, 그런 내용인 것 같기는 한데……. 암튼 빨리 좀 와주세요.

AE의 지적 능력은 문제 해결 능력과 직결된다. 학교를 갓 졸업한 초임시절에는 미처 느끼지 못할 수도 있지만 AE로서 연차가 쌓이게 되면 누구라도 지적 능력의 한계에 직면할 수밖에 없다. 매너리즘은 현재의 업무에 익숙해지는 순간 반드시 찾아오기 마련이다. 따라서 지난날의 성공 케이스에 머물러 있는 시기가 가장 위험한 시간이 될 수도 있다.

특히 광고계는 변화의 속도가 빠른 분야이다. 새로운 형식의 문제를 해결해나가기 위해서는 다방면 지식과 교양을 누적해가는 노력이 필요하다. 고기 1파운드를 생산하기 위해서는 곡물 16파운드가 소요된다고 한다. 입력 없는 출력은 방전이라는 결과를 낳는다.

지식 축적을 위해서는 시간과 장소를 불문하고 관심의 끈을

놓지 말아야 한다. 독서는 가장 손쉽게 전문지식과 개인의 소양을 쌓을 수 있는 방법이다. 꼭 광고 전문 서적을 고집해 읽을 필요도 없다. 폭넓은 독서는 광고인으로서 아이디어 수집에 큰 도움이 된다. 따로 시간을 내어 책을 읽게 되면 그것도 업무가 된다. 늘 가방 속에 소지하고 다니면서 출퇴근 시간 같은 자투리 시간만 활용해도 충분하다. 그리고 주기적으로 서점에 가서 전체 서가를 둘러보자. 사회적 흐름을 파악하고 최신 감각을 유지하는데 있어 이보다 효율적인 방법이 없다.

필자 역시 AE인지라 따로 책을 읽을 여유로운 시간을 내기는 어려웠다. 주로 지하철을 타면서 회사 자료실에서 빌린 책을 읽는데 20년이라는 시간이 흐르는 동안 회사에 있는 책은 거의 다 읽게 되었다.

AE가 독서, 영화, 연극, 미술, 스포츠와 같은 문화적인 소양을 쌓는 일은 업무에 실질적인 도움이 된다. 광고주와의 원활한 관계에도, 크리에이티브를 이해하는데도, 아이디어를 내는 데도 모두 든든한 밑거름이 된다. 그러나 무엇보다 도움이 되는 점은 이런 문화적인 생활이 단순한 교양 쌓기만이 아닌 일상에 지친 자신을 풍요롭게 감싸주는 울타리 역할을 해준다는 점이다.

두보는 만 권의 책을 읽으니 마치 신들린 것처럼 글이 써진다고 했다. 지금 기획서 쓰는 일이 버겁게 느껴진다면 잠시 관련서적들을 읽고 스크랩하라. 아마도 전보다 발전적인 글을 쓸 수 있게 될 것이다.

45

트랜드를 주목하라

화제의 빈곤은 지식의 빈곤, 경험의 빈곤,
감정의 빈곤을 의미하는 것이다.

— 소설가 피천득

● 모델 후보 추천 안 선정회의

AE : 인상 나쁘게 생긴 쟤는 누구야? 빼!
제작 : 저 친구 모르세요? 요즘 한창 잘 나가는 권OO에요.
AE : 아니 저런 얼굴이 잘 나간다고?
제작 : 정말 모르시는구나. 지금 젊은 애들한테 인기 짱이예요. 짱! 지금 나가는 드라마로 얼마나 떴는데요.
AE : 하긴 내가 바빠서 TV를 통 못 보니…….

더 많은 우유를 짜내려면 먼저 젖소를 살찌워야 하는 것처럼, AE는 기본적으로 주변의 모든 이슈와 관련 정보를 챙겨야 한다. 특히 광고는 소비자의 현재 기호를 반영하는 일이어서 늘 그들의 관심사에 주의를 기울일 필요가 있다.

그런데 아이러니하게도 실제 광고인들이 너무 바쁘다 보니 현재의 트랜드를 읽는데 많은 어려움을 느끼게 된다. 또 업무의 연장선에서 트랜드를 읽다 보니 지나치게 사무적이고 분석적으로 접근하게 돼 실제 소비자의 체감 수준과 괴리될 위험도 있다. 이처럼 책상 위에서 만들어진 광고는 소비자들로부터 실제적인 공감을 받기 어려워진다.

유럽의 한 과학자는 동료와의 연구를 하던 중 자신들의 연구에서 가장 중요한 발견의 75% 이상이 일을 하지 않는 동안에 이루어졌음을 발견했다고 한다. 그렇다고 AE가 종일 드라마나 인터넷 서핑에 매달릴 수는 없는 일. 소비자의 관심사를 효율적으로 얻을 수 있는 방법을 소개하면 다음과 같다.

첫째, TV 연예정보 프로그램을 챙겨서 본다.

연예인 관련사건 사고 및 동향, 화제의 인물과 같은 국내외 다양한 연예 정보를 손쉽게 얻을 수 있다.

둘째, 여성 월간지나 주간 시사지를 주위에 두고 수시로 뒤적인다.

독자들의 관심을 끌기 위해 잡지 기사 역시 이슈 지향적이 될 수밖에 없다. 따라서 이들이 취재한 내용만 섭렵해도 연예계 흐름을 읽어낼 수 있다. 단, 같은 종류의 잡지를 두 권 이상 동시에 봐야 한다. 두 잡지에서 겹치는 내용이 바로 소비자들의 화젯거리이기 때문이다. 특히 주간 경제지는 광고주 관련심도 있는 정보를 얻는데도 많은 도움을 준다.

셋째, 인터넷 인기 검색 순위를 체크한다.

손쉬운 방법이지만 의외로 잘 안하게 되는 일이기도 하다. 네티즌들의 관심사는 반드시 좋은 광고 소재로 이어진다는 점에서 규칙적으로 체크해두는 것이 좋다.

이와 함께 광고계가 아닌 전혀 다른 직종의 사람들과 만나 이야기를 나눠보는 시간도 필요하다. 일반소비자들의 편견 없는 시각을 들을 수 있는 좋은 기회이다.

대행사에 입사한 지 얼마 되지 않았던 초임 시절의 일이다. 자취하던 집에 좀도둑이 들어와 TV를 가져간 적이 있다. 하루

하루가 정신없던 신입이라 TV 볼 시간도 따로 없고 해서 새로 구입하는 것을 차일피일 미루고 있었는데, 어느 날 사수가 한마디 했다. "야! 너 광고계를 떠날 생각이냐? 왜 TV 안 사?"

46

에티켓을 지켜라

여자가 옷을 잘 입지 못했을 때는
그녀의 옷이 보이고,
완벽하게 입었을 때는
여자가 보인다.

— 코코 샤넬

●화장품 광고주와 점심식사 중

광고주 : 오늘 점심은 부대찌개 어때요? 근처에 잘 하는 집 있어요.

AE : 왜 좀 더 괜찮은 곳으로 가시지요?

광고주 : 저희는 사규 상 오천 원 이상 식사를 할 수 없게 돼 있어요. 자 가시죠.

AE : 아 예……. (식사 중 AE가 계속 공기밥을 추가한다.)

광고주 : 많이 시장하셨던가 봐요.

AE : 그건 아니고요. (말과는 달리 여성 광고주가 남긴 밥까지 끌어온다.)

여성광고주 : (화들짝) 어머 제가 먹던 건데…….

AE : 괜찮습니다. (후루룩 쩝쩝 소리가 요란하다.)

광고주 : (질린 표정으로) 무지 잘 드시네요.

선임 AE : (당황해하며) 너 화장품 AE 맞아?

중국 속담에 타고 나길 웃는 얼굴이 아니면 상점을 열 생각하지 말라고 했다. 아마도 사람을 상대하는 일이 그만큼 쉽지 않은 일이기에 생긴 말이리라 짐작된다.

AE 역시 이 속담에 해당되는 직업이라 생각한다. AE로서의 처신은 늘 조심스럽기만 하다. 경험 많은 광고주들은 AE의 사소한 행동을 통해 AE의 됨됨이를 파악하고 대행사를 평가한다. 그러나 AE의 개성을 규격화 할 수 있는 것도 아니고 적합한 매너나 개인 예절에 대한 규정이 따로 명시돼 있는 것도 아니어서 본의 아닌 실수를 하게 되는 경우가 종종 있다. 이에 대행사 경험이 많지 않은 AE에게 도움이 될 만한 광고주 상대 에티켓을 정리해 보았다.

첫째, 식사 예절이다.

메뉴선택권은 광고주에게 넘겨라. 광고주에게 식사를 대접할 사람은 많다. AE 취향대로 메뉴를 고르고 생색까지 낸 다면 함께 식사했던 그 시간이 무의미해진다.

둘째, 외모 예절이다.

의상은 개인의 취향과 기호가 반영되는 것이어서 옷 입은 모습으로 어떤 타입의 사람인지가 파악 가능하다는 점에서 조심스럽다. AE는 본인의 개성을 추구하기 보다는 담당 광고주의 분위기에 맞추는 것이 가장 무난한 옷 입는 방법이다. 패션이나 화장품 광고주를 만나는 자리에는 다소의 파격도 상관없지만, 경직된 조직의 경우에는 외려 감점이 된다. D광고주는 복수 대행한 L대행사보다 H대행사와 인간적인 유대가 더 좋았는데 그 이유는 그들이 자신과 닮아 보이는 분위기를 가지고 있기 때문이었다.

셋째, 전화 예절이다.

AE가 의외로 광고주로부터 점수를 잃는 경우가 휴대폰 통화와 관련된 부분이다. AE를 찾는 전화는 늘 폭주하기 마련인데 광고주와의 자리에서는 자제하는 것이 바람직하다. 광고주와 회의 도중에 전화를 받게 되면 회의의 흐름도 끊기고, 통화 내용도 공개될 수밖에 없다. 회의 전 미처 휴대폰을 꺼놓지 못했다면 벨소리가 울리는 즉시 바로 Power off하라. 광고주에게 집중하고 있다는 좋은 이미지를 남길 수 있다.

넷째, 회식 예절이다.

광고주와의 술자리에서 흐트러진 모습을 보이지 말아야 한다는 것은 대부분의 AE들이 이미 주지하고 있는 사실이다. 따라서 언급하고자 하는 바는 회식이 끝난 이후의 처신이다. 광고주가 음주 단속에라도 걸리게 되면 정말 낭패다. 광고주의 대리 운전비용을 대신 지불하고 반드시 귀가 안부 문자 메시지를 넣어준다. 필자는 회식 후 밤늦게 귀가하게 되는 광고주의 가족들을 배려해 때때로 작은 선물을 준비한다. 아이들을 위한 치킨 한 마리, 케이크 등이 그 예인데 손을 흔들고 돌아가는 광고주의 발걸음이 매우 힘차지는 것을 느낄 수 있다.

47

건강을 유지하라

스트레스로부터의 완전한 자유는 바로 죽음이다.

— 캐나다 심리분석학자 한스 셀라이

의사 : (검사 결과 차트를 보고 있다.)

AE : 결과가 어떤가요?

의사 : 검사 결과는 이상 없는데요~.

AE : 근데 왜 자꾸 배가 아프죠?

의사 : 과민성 대장증상 같습니다.

AE : 과민성 대장증상이요?

의사 : 스트레스 받고 신경 써서 생기는 병이에요. 자극적인 커피나 담배 삼가고, 마음을 느긋하게 가지면 금방 좋아집니다. 절대 신경 많이 쓰면 안돼요.

AE : …….

의사 : 근데 무슨 일 하시죠?

AE : 광고회사 다닙니다.

의사 : ……. 어렵겠다!

대행사 사람들은 스트레스를 달고 살 수밖에 없다. 모든 업무가 경쟁과 긴장 속에서 이루어지는 일이어서 일을 그만 두지 않는 한 스트레스에서 벗어날 방법은 없다. 그런데 같은 광고 일에 종사해도 맡은 업무에 따라 발생하는 스트레스의 유형은 제각각 다르다. 창의적인 일을 하는 제작팀의 경우 본인 스스로의 긴장이 원인이 되는 자기유발형, AE는 인간관계가 원인으로 작용하는 타인유발형 스트레스로 인해 피로를 느끼게 된다.

실제로 AE들이 가장 많이 고충을 토로하는 점도 광고 기획에 대한 업무 보다는 광고주와 관련된 업무 외적인 부분이다. 특히 광고주와 관련된 스트레스는 AE가 피하고 싶어도 피할 수 있는 일이 아니라는 점에서 또 다른 스트레스로 작용을 한다.

모 AE는 광고주가 자정 넘어 전화를 걸어 술 마시자고 하는 통에 잠자리에서 일어나 어쩔 수 없이 약속 장소로 가면서 AE라는 직업에 대해 심각한 회의를 느꼈다고 한다.

그렇다면 AE의 스트레스는 어떻게 다스려야 하는 것인가. 마음속에 담고 방치해 둔다면 종래엔 건강을 해치게 될지도 모른다. 따라서 이왕 받을 수밖에 없는 스트레스라면 적극적으로 대처하는 것이 현명한 대응이 아닐까 싶다. 스트레스를 이겨내는 지혜를 전하면 다음과 같다.

첫째, 긍정적으로 생각하라!

연구 결과에 따르면 주사를 맞을 때 오른팔과 왼팔 중에 하나를 본인이 직접 선택하게 하면 놀랍게도 고통이 경감된다고 한다. 즉 같은 스트레스라도 어떻게 마음가짐을 갖느냐에 따라 그 강도도 달라지는 셈이다. AE에게 있어 스트레스가 불가항력이라면 차라리 스트레스를 컨트롤 하는 편이 낫다. 그러기 위해선 매사를 긍정적으로 생각하는 것이 중요하다.

필자도 한 광고주 때문에 심한 마음고생을 한 경험이 있는데, 그 광고주 역시 조직의 논리에 따라 무리한 요구를 할 수밖에 없는 것이라 생각을 바꾸면서 스트레스를 덜 받을 수 있었다. 그런데 이런 변화를 감지한 광고주는 자신의 본심을 이해받았다고 느꼈는지 그쪽에서 먼저 마음을 열고 다가오는 게 아닌가.

둘째, 스트레스는 담지 말고 어떻게든 풀어라!

스트레스를 품고 있으면 결국 자신이 다치기 마련이다. 모 AE는 야근 전 한 시간가량 수영을 한다. 수영을 하면서 쌓인 스트레스도 풀고 체력도 다지는 셈이다. 필자는 책을 읽으며 푸는 편인데 어려운 책일수록 집중도가 높아져 스트레스를 밀쳐버릴 수 있게 된다. 스트레스를 해소하는 데 특별한 비법이 있는 건 아니다. 자신에게 가장 잘 맞는 방법을 통해 이겨내면 된다.

셋째, 스트레스의 강약을 조절하라!

경험이 부족한 AE의 경우 업무와 관련된 스트레스에 적절히 대처하는 것이 쉽지 않을 것이다. 특히 P/T의 경우 업무의 강도를 처음부터 끝까지 일관되게 유지해서는 안 된다. P/T 바로 전날을 가장 많은 에너지를 쏟는 날로 설정하고 전체적인 페이스 조절을 해야 한다. 모 AE는 경쟁 P/T에서 처음으로 프리젠터를 맡게 되자 과중한 부담감 때문에 한 달 이상을 야근과 밤샘을 계속했다. 그 결과 P/T 당일 날 아침 사우나에서 잠깐 피로를 푼다는 것이 잠이 들어 P/T 참석을 못하게 되는 치명적인 실수를 저지르고 말았다.

AE 월급의 95%는 걱정에 대한 보수입니다.

광고주를 걱정하고, 프로그램을 걱정하고, 일이 제 날짜에 예산 범위 내에 잘 완수되었는지 걱정하십시오.

당신이 걱정을 하고 있지 않다면, 그건 자기 업무를 다하고 있지 않은 것이며 따라서 성공적인 AE가 될 수 없습니다. 때문에 많은 AE나 마케팅 관련 업무를 하는 사람들이 위궤양이나 심장병 혹은 더 심각한 질병의 위험을 안고 있습니다.

— AD AGE

48 남의 말에 귀를 기울여라

회식 전 국수를 먹는 이유에 대해
"내가 배고프면 먹는데 만 급급해서 귀한 손님을
제대로 살필 수 없다."

— 저우언라이

● S참치 경쟁 P/T

AE : ……. 따라서 저희는 광고를 하지 말 것을 제언합니다.

광고주 : (웅성웅성) 광고를 하려고 P/T를 하는데 광고를 하지 말라니요?

AE : 저희가 판단한 바에 따르면…….

광고주 : (말을 자르고 나서며) 아니 광고 여부 결정은 우리가 하는 것이지, 왜 대행사가 이래라 저래라 합니까?

AE : 저희도 광고주 입장에서 생각한 겁니다. 광고비가 너무 적어 TV 보다는…….

광고주 : 그 판단도 우리가 합니다.

AE : ……. 죄송합니다.

(AE, P/T장을 빠져나오는 중)

광고주 실무 : (뒤쫓아 나오며) 아니 어떻게 된 일이에요? 전에 제가 여러 번 말씀드렸잖아요. 이 광고비도 정말 어렵게 여러 사람 설득해서 타낸 건데, 광고가 필요 없다니요? 지금 제 정신 입니까?

AE : (유구무언)

AE의 연차가 올라갈수록 다른 사람의 말을 잘 듣지 않게 되는 경향이 있다. 이는 상대의 의견을 배려하다가 자칫 자신의 주장을 굽히게 될지도 모른다는 우려에서 비롯된 처세이기도 하다. 그러나 몸을 사리지 않는 소신은 모든 일을 혼자 책임질 수밖에 없는 상황을 만들고, 스스로 깨닫지 못하는 사이 독불장군이 될 수도 있다는 점에서 염려스럽다.

제작 현장에서는 한 사람의 비범한 재기가 다수의 평범함을 능가하는 사례가 비일비재하다. 그러나 이는 개인의 창의성을 중시하는 제작 파트의 이야기지, 전략가인 AE에게 해당되는 사항은 결코 아니다.

광고 전략은 개인의 특별한 재능 보다는 대중적 보편타당성을 기반으로 한다. 그럼에도 간혹 영웅적 심리에 기인한 AE의 돌출적 행동으로 낭패를 보는 상황이 발생하곤 한다. 위 사례의 경우도 AE가 광고주가 제시한 전략을 무시한 채 스스로의 판단만으로 스텝들을 이끌다 방향을 잃고 결국 일을 망친 예이다. 물론 의도는 더 나은 결과에 대한 기대에 있었을 것이다. 그러나 광고주 역시 전략을 세우기 위해 일련의 과정을 통해 합의를 이끌어냈음을 감안했어야 옳았다. 지나친 고집은 아집일 뿐이다.

이와는 반대로 경청의 기술을 적극적으로 이용해 광고주 관리를 하는 대행사의 예도 있다. W대행사 임원은 광고주와 제작 전에 직접 만나 회사의 문제점을 속속들이 듣고, 그 속에서 해결점을 찾아낸다고 한다. 그렇게 준비한 P/T에 광고주 불만이 있을 수 있겠는가.

상대의 말에 귀 기울이지 않는 것 보다 더 큰 문제는 좋은 소리만 듣고자 하는 것이다. AE가 주위의 애정 어린 충고에 얼굴을 붉히고 음성을 높인다면 그에게는 칭찬밖에 해줄게 없게 된다. 그러나 비판은 애정이 있어야 가능한 것이다. 비판 역시 관심의 다른 표현임을 간과하지 말아야 한다.

언젠가 일본 출장을 앞두고 있을 때였다. 출장자 명단을 본 누군가가 일어도 못 하면서 왜 가느냐고 한 적이 있다. 물론 농담 삼아 한 말이었지만 자극을 받아 그날 이후부터 지금까지 일어 공부를 하고 있다. 또 신입 시절, 모 광고주와 문학을 주제로 대화를 나누던 중, 광고주로부터 교양을 더 쌓으셔야 되겠다는 유쾌하지 않은 지적을 받기도 했는데 이 사건은 취미가 독서가 된 계기이기도 하다.

49 고생을 자처하라

나는 쇠붙이에 불과했다.
하지만 평생 면도날이 되고자 애썼다.

— 레오나르도 다빈치

● 대행사 기획본부장과 광고주의 대화

기획본부장 : 이번에 저희 대행사 내에 조직개편이 있습니다. 담당 AE가 교체될 예정인데 괜찮으시겠습니까?

사례1)

광고주 : 아무래도 괜찮습니다. 우리한테 언제 AE가 있었나요?

본부장 : (당황한다.) 아니 그 정도로 불성실했습니까?

광고주 : 여직 모르셨습니까?

본부장 : (할 말이 없다.)

사례 2)

광고주 : 무슨 말씀이세요? 절대 안 됩니다. 저희는 지금 AE와 그대로 가겠습니다.

본부장 : 대행사 내부 사정상 교체가 불가피하네요.

광고주 : (단호하게) 저희 뜻은 분명히 밝힌 걸로 하겠습니다.

본부장 : 예. 알겠습니다. 다시 조정을 해보겠습니다.

대행사 내에서 AE가 양성되는 과정은 중세시대 도제 시스템과 비슷하다. 선임 사원(보통 사수라 칭한다) 아래서 도제가 되어 그의 경험과 노하우를 전수받는 형식이기 때문이다. 이런 AE의 양성 과정은 아쉽게도 필자가 입사했던 20년 전이나 지금이나 별반 차이가 없다. 체계적인 인재 양성 시스템이나 교육 프로그램이 따로 마련돼 있는 게 아니고 전적으로 사수의 능력에 의존하는 후진적 시스템에 머물러 있는 현실이다.

이렇게 주먹구구식으로 일을 배운 AE도 시간이 지나 연차가 쌓이면 사수가 된다. 그럼 검증되지 않은 개인의 경험이 다시 후배에 전해지고 전해진다. 입사할 때 함께 배속된 동기들의 사수는 출신이 K대행사, L대행사, G대행사로 모두 달랐는데 기획서 작성 양식부터 광고주 관리요령에 이르기까지 대처하는 방법이 서로 제각각이어서 신입 AE들 입장에선 몹시 혼란스러웠던 경험이 있다.

문제는 AE의 성장에 결정적인 영향을 미치는 사수에 대한 선택권이 당사자인 도제 AE에게는 없다는 사실이다. 운이 좋아 사수를 잘 만나게 되면 그야말로 탄탄대로를 따라 성장할 수 있지만, 그 반대의 경우라면 극심한 마음고생 속에서 직업에 대한 회의감만 키울 수도 있다.

사수에 대한 선택권이 없는 상황에서 자력으로 능력 있는 사수를 만날 수 있는 방법은 단 한 가지다. 바로 관리가 가장 어렵다고 소문난 광고주를 맡고 있는 팀에 자원하는 것이다. 까다로운 광고주를 담당하는 AE는 광고주 관리에 대한 특별한 노하우를 갖고 있는 사람이다. 업무의 강도는 높을지 몰라도 남다른 경력을 쌓을 수 있는 기회가 될 것이다.

필자 역시 악성 광고주를 담당하는 것을 회피하지 않았다. 일에 대한 욕심도 그렇고 남들이 어려워하는 일에 도전해 보고 싶었다. 신기한 것은 어려운 일을 하면 할수록 능력 또한 함께 성장해나간다는 점이다. AE로서 어려운 광고주를 잘 관리하게 되면 다음과 같은 효과를 얻을 수 있다.

첫째, 남다른 자신감이 생긴다.

AE를 힘들게 하는 광고주는 두 가지 유형이 있다. 업무 스트레스를 지나치게 주는 쪽과 수시로 인간적인 갈등을 일으키는 유형이다. 어느 쪽이 됐든 AE의 입장에서는 두 가지 모두 헤쳐 나가야 할 과제일 뿐이다. 만일 광고주가 당신을 인정하게 된다면 그로 인해 얻게 된 성취감과 자신감은 AE생활을 하는데 있어 큰 자산이 될 것이다.

둘째, AE로서 능력을 인정을 받게 된다.

힘든 광고주를 관리하게 되면 사내에서 AE로서 위상이 높아지고, 주위의 호의적인 지원도 기대할 수 있다. 위 두 번째 사례처럼 광고주가 업무능력과 관리능력을 인정할 경우 AE로서의 능력을 증명 받은 것이나 다름없다.

셋째, 다양한 업무 노하우를 경험할 수 있다.

광고주 업무가 많다는 것은 그만큼 그들의 마케팅 영업환경에 여유가 없다는 점을 반영하는 것이다. 따라서 AE에게 고강도 업무적 스트레스를 주는 것도 모두 이 같은 현실적인 이유 때문이라 해석하고 지원해주는 것이 바람직하다. 그러는 동안 AE로서의 능력도 이전과는 다르게 향상될 것이다.

필자의 경우에도 마케팅 경쟁이 치열했던 광고주를 담당할 때 경험했던 다양한 판촉 아이디어, 뉴미디어, 틈새마케팅처럼 새로운 마케팅기법에 대한 노하우는 다른 광고주에게도 너무나 유용하게 사용할 수 있었다.

50

인간적인 AE가 되라

사람들 앞에서 웃는다는 것은
바보처럼 보이는 위험을 무릅쓰는 겁니다.
다른 사람에게 다가가는 것은
그에게 속을 수 있는 위험을 무릅쓰는 겁니다.

—「완벽에의 충동」 中

광고주 : 어제 저희 사장님 댁에 추석선물 보내셨어요?

AE : 예. 그런 걸로 알고 있습니다.

광고주 : (한숨) 지금 그것 때문에 큰일이 났습니다.

AE : 무슨 안 좋은 일이라도…….

광고주 : 사장님께서 화가 단단히 나셨어요. 선물 다시 가져가셔야 할 것 같습니다.

AE : (크게 당황한 듯) 예? 그럴 리가……. 이유 좀 설명해 주세요.

광고주 : 글쎄 자정도 넘은 시간에 퀵 서비스가 문을 쾅쾅 두드리며 핏물이 흐르는 갈비를 짐 부리듯 놓고 갔다고 합니다.

AE : 아뿔싸! 이를 어째!

광고주 : 근데 정말 퀵으로 보내신 거예요?

완벽한 일처리에 집중하다 보면 지나치게 사무적이 될 위험이 있다. 광고주에게 사소한 실수나 작은 허점도 허용하지 않기 위해 신경을 곧추 세우다 보면 자신도 모르게 경직될 수밖에 없다. 주변을 돌아봐도 탁월한 업무능력을 인정받는 AE일수록 사무적인 경향이 많다는 것을 느낄 수 있다.

그런데 아이러니한 것은 평소 입버릇처럼 '일 잘하는 AE'를 외치던 광고주들도 이처럼 유능한 AE를 상대할 때에는 왠지 모를 아쉬움을 느낀다는 점이다. 이는 업무와 직접적인 연관성은 없는 붙임성, 친화력, 배려 등과 같은 감성적 요소가 AE에게는 필요하다는 사실을 알려주는 대목이다. 결론적으로 일 잘하는 AE와 더불어 인간미 넘치는 AE가 광고주가 기대하는 가장 이상적인 유형의 AE인 셈이다.

뛰어난 업무 능력에 2% 인간미가 묻어나는 AE라면 최적의 조건을 가졌다고 할 수 있겠다. 마음은 행동을 통해 드러나기 마련이다. 위 사례 역시 상대에 대한 소소한 배려심만 가졌어도 얼마든지 방지할 수 있었던 사건이다.

일개 영업사원으로 자동차 판매 왕이 된 조 지라드의 판매 비결도 그저 고객이 좋아하는 영업사원이 되어 정당한 가격을 제시하는 기본 원칙을 잊지 않은데 있다고 한다. 그가 매달 만 명이 넘는 고객들에게 보낸 'I like you' 라는 편지는 고객들의 마음을 사로잡기 위한 그의 감성적 전략 중 하나였다.

광고주들이 인간적인 호감을 느꼈다고 전해준 사례를 몇 가지만 소개하면 다음과 같다.

밤늦은 시간까지 광고주의 사적인 고민을 들어줄 때, 회사를 퇴사하는 광고주에게 잊지 않고 작은 선물을 전할 때, 출출하던 오후 미팅 시간에 간식거리를 사들고 나타날 때, 연하장에 광고주마다 다른 인사 글을 직접 작성해서 보낼 때, 광고주의 가족에게 관심을 가져줄 때 등이다.

당연히 이런 일들을 하는 데 거창한 준비나 비용은 들지 않는다. 단지 마음속에 담고 있는 정을 솔직하게 또 시기적절하게 사용하면 되는 것이다.